［増補新装版］

淡路ユダヤの「シオンの山」が七度目《地球大立て替え》のメイン舞台になる！

魚谷佳代

ヒカルランド

序文——すべてを〈ゆだね〉て、つつましさをもって聖地を敬する　（千賀一生《ちがかずき》）

私が地球のバイオリズムとも言える歳差《さいさ》運動周期と人類史の一致を著作（『ガイアの法則』）に書いたことから、今後の頂点となる135度が注目されるようになり、135度の重みを指摘してくれる人が次々に現れるようになりました。魚谷さんもその一人であり、ありがたく思っております。

この本を読むにあたっては、私からぜひ留意していただきたい点があります。

私が「わの舞」の稽古の中でも大事に伝え続けていることの一つは、〈ゆだね〉るあり方の体得です。大地に、そして宇宙に自己存在のすべてをゆだねる時、私たち一人ひとりは天分の道へと至るものです。個我を捨て、すべてを存在にゆだねる時、私たちは存在と一つになり、いわゆる天に導かれる生き方へと至るものであります。これが〈他力本願〉

の意味でありましょう。

ところが神業というものにすがる心は、これとは似て非なる依存という心理が潜みやすいものです。依存によるものは、〈自力〉を主張する人たちが批判するマイナスの意味での他力本願です。両者は同じように見えるかもしれませんが、まったく別世界への道となります。依存の宗教心理は必ず外界にも歪みをもたらします。私が神業的なことに言及しないのもそのためです。この本を読まれる時には、ぜひその点を大切にしていただけたらと思います。


魚谷さんの人生経歴を読んでも、そこに見えざる導きが働いているのがわかると思います。何ゆえにそれが働いたのかをぜひ読みとっていただけたらと思うのです。135度は、安易にそこに行けば運が開かれるようなものでは決してありません。それは、依存心理のある人間にとってはむしろ大きなマイナスにも作用する諸刃《もろは》の剣的な意味を持ちます。

日本人は、元来聖地というものに実につつましい態度を示してきました。たとえば古い文化の残る沖縄の人たちは、沖縄人にとって神の島とされる久高島に滅多なことでは立ち入ろうとはせず、今も遠方から拝することを大切にしています。それは、パワースポットと聞けばすぐにでも行きたがる現代人とは対照的な態度でありました。それゆえに聖地が聖地として生かされてきたのであります。

日本最古の聖地とも言える135度の意味を明らかにした人間の責任として、私は多くの人にそのようなつつましい態度で135度に関わっていただきたいと思っています。依存ではなく、真の〈ゆだね〉の生き方に至るためには、まず、自身の存在がいかにあるかからすべてが始まります。真の〈ゆだね〉に至る時、どこにいようとも、そこは天国へと至ります。そして、そのような人は至る所を聖地としてゆくものであります。

今日はやりのパワースポット的感覚ではなく、真に聖地を敬する古来の心で135度を敬していただけたらと思います。そして、それ以上に、各人が今そこにいる所のご縁ある大地と、自身を育んでくれた母なる産土《うぶすな》の大地を貴んでいただけたらと思っております。

幸せは常に足元から始まります。この本が、読者一人ひとりの足元をみつめるきっかけとして役立ちますよう祈ります。

『文明焦点移動』の法則

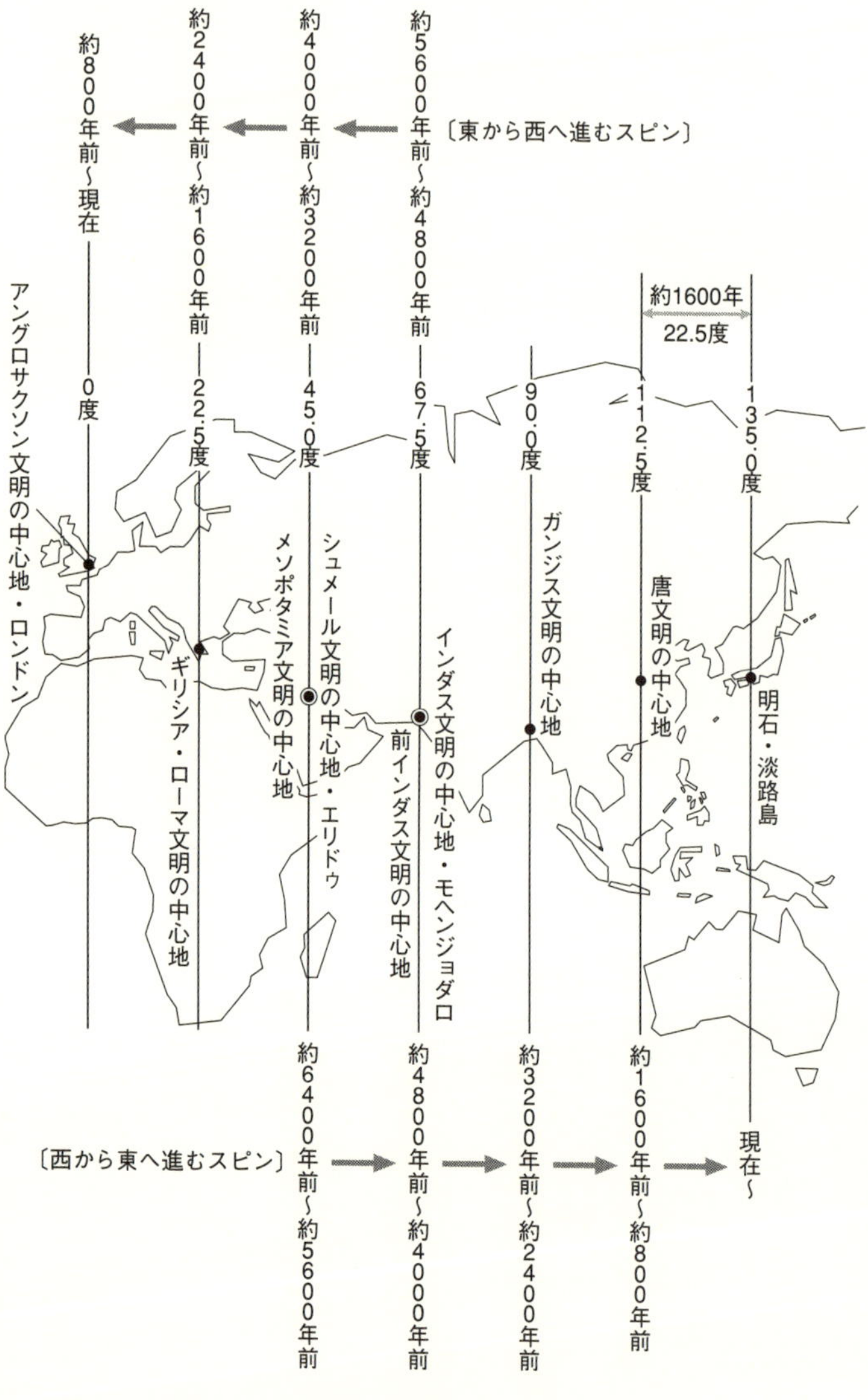

人類文明の焦点は、地球上を1611年に22.5度移動する。
人類文明の焦点移動は、正反する陰陽の対関係によって進展する。
人類文明の焦点は約２万6000年で地球を一巡する。『ガイアの法則』より

はじめに――「神の世界」の勉強は還暦を過ぎてから始まる

平成26（2014）年の幕開け1月2日の朝、私はやっと念願のこの本を発刊するためペンを進められる状況になったことを神に感謝いたします。

昨日の1月1日は、初日の出を拝するため、数名の同志の方々と「紫苑《シオン》の山」（後述）に登りました。朝、ちらほらと雨が降ってきて、今日は初日の出はとても無理かなと思い、傘をたくさん持って出かけることにしました。

いつもどおり、まず紫苑の山の麓《ふもと》にわが先祖が祀《まつ》ってある祠《ほこら》（山の神様）にお参りをしました。山へ登る途中、だんだん明るくなってきて、ちょうど山頂に辿《たど》り着いた時、雲の中から太陽が現れ、太陽が紀淡《きたん》海峡の海に輝き映えて、すばらしい光景を見ることができました。

見る見るうちに雲が消え青空に変化していく様を見ながら、平成26（2014）年の干《え》支《と》が午《うま》で、天馬の如《ごと》く駆《か》け巡る年であることを天界に教わった思いでした。

私は現在、67歳です。ある方に「神の世界」の勉強は還暦を過ぎた時から始まると教えていただきました。だとすれば、60歳を引き算して、オギャーと生まれてからまだ7年の幼年期です。これからも、自分の体の健康管理をしながら、どんどん働いていくつもりです。

この大切な時期、この地球に肉体を持って、霊止《ひと》として生まれてきたこと、しかも日本人として生まれさせていただいたことに、非常に意義ある神のはからいとして感謝しながら、皆様と共に行動していきたいと思っております。

本日、お年賀として倭国《いのくに》研究会の主宰者である大杉博さんから「いのくに」便《たよ》りが届きました。大杉さんは「邪馬壱国《やまたいこく》・阿波《あわ》(四国山上)説」の提唱者です。一昨年は風の便りで体調不良とお聞きしていましたが、再びお元気になられ、阿波の古文書を解読、研究され、私としてはすべてが同じ説とはいえない部分もありますが、力強い研究者であられることに敬服いたしております。ご高齢にもかかわらず、その頑張り様は見習いたいものです。

ここで、私が「紫苑の山」と名付けたお山で祀らせていただいている「天地《あめつち》の元宮《もとみや》」についで簡単に述べさせていただきます。

紫苑の山は、淡路島の洲本《すもと》市由良《ゆら》という場所にあります。

淡路島は、「国生み・国造り神話」の舞台であり、すべての始まりの地。

天地の元宮で祀らせていただいているのは、宇宙の創造主（天の御親《みおや》・ヤハウェ・エホバ・エルエルヨーン）で、山頂には次の3つの宮を設けています。

一つ目は、古代ユダヤ人が築いた祭祀場としての「百合《ゆら》の宮《みや》」。

ここには、古代イスラエルの10部族が辿り着いた証としてお祀りしています。

二つ目は、縄文人が開いた祭祀場としての「布留辺《ふるべ》の宮《みや》」。

ここには、もともとこの地にあった縄文時代からあったと見られるセメント的な技術によって造られた石（さざれ石）をご神体としてお祀りしています。

三つ目は、天地の元宮の奥宮となる「桃《もも》の宮《みや》」。

ここには、天理教を興《おこ》した中山みきさんの予言を受けて「地軸の確立」（後述）のためにお祀りした、海の藻が石となった緑の玉ほこの円柱石、そして縁あって受け継いだ、大本（教）の出口直《なお》開祖と共に活躍した出口王仁三郎《おにさぶろう》聖師の手による六芒星《ろくぼうせい》の形をした青銅でつくられたダビデ紋をお祀りしています。

紫苑の山にある天地の元宮は、特定の宗教団体には属せず、いかなるものをも超えた聖なる祈りの場（神座《かむざ》）で、誰もが神の分霊《わけみたま》であるとの自覚を持てるよう、私たちの意識を一段上に置くためのシンボルでもあります。

私の本業は、「株式会社　味きっこう」という食品製造会社の代表ですが、このような神事《かみごと》は、本業を続けながらの、いわば二足のわらじです。

これまで、たくさんの方々が紫苑の山を訪れ、当地の霊的な意味や役割についてさまざまな証言をしてくださったり、またその方々とのご縁によって、私の思惑《おもわく》をはるかに超えてどんどんと広がりをみせています。

きっとこれも神様のおはからいに違いない。だとしたら、関心を持ってくださる方々に、紫苑の山の意味をきちんとお伝えすべき時が来たのかもしれない……。

思いがけず出版のお話をいただいたのは、ちょうどそんな思いを抱いていた時でした。

おかげさまで、このたび無事出版の運びとなり、これまでご尽力いただいた方々のご恩に対して、感謝の念に堪えません。この本が、みなさまの心に響いて、少しでもお役に立てますならば、誠に幸いに存じます。

魚谷《うおたに》佳代《かよ》

ここ「紫苑《シオン》の山」から、地球7度目の立替が始まる

紫苑の山

天地の元宮、「百合の宮」

天地の元宮、「布留辺の宮」

天地の元宮の奥宮、「桃の宮」

紫苑の山の山頂に設けられた3つの宮

［増補新装版］淡路ユダヤの「シオンの山」が七度目《地球大立て替え》のメイン舞台になる！　目次

第1章　現代によみがえる「国生み・国造り神話」――いよいよ7度目の地球立替！

第2章

淡路島の聖地「紫苑の山」から日本とユダヤのむすびが始まる！

第3章 各自が自分のお役目をこなして、みろくの世が実現する！

第4章 淡路・四国に残る古代ユダヤ人の足跡——旧約聖書の風習が今も伝わっている！

第6章 光の柱としての紫苑の山と龍族の目覚め

第7章 すべての人の霊的覚醒と地球再生に向けて

装丁　櫻井　浩（⑥Design）

カバーシンボル　『淡路の神秘　エル・エロヘ・イスラエル』より

編集協力　小笠原英晃

校正　エッグ舎

本文仮名書体　文麗仮名（キャップス）

第1章

現代によみがえる「国生み・国造り神話」——いよいよ7度目の地球立替！

国生み・国造り神話の舞台に鎮座する紫苑の山

ここ淡路島は、伊弉諾尊（イザナギノミコト）・伊弉冉尊（イザナミノミコト）の二神が最初に日本の国をつくった「国生み・国造り神話」の舞台であることは、みなさんもご存じだと思います。

『古事記』『日本書紀』には、日本の国が生まれた様子について次のように記されています。

イザナギ・イザナミが天上の天《あめ》の浮橋《うきはし》に立って、天の沼矛《ぬぼこ》をもって青海原をかきまわし、その矛を引き上げたときに、矛の先から滴《したた》り落ちる潮《しお》が凝《こ》り固まって一つの島となった。

これが「自凝（オノコロ）島」で、二神はその島に降りて、夫婦の契《ちぎ》りを結んで国生みをされた。そのとき初めにつくられたのが淡道之穂之狭別島《あわぢのほのさわけしま》（淡路島）で、その後、次々と大八洲（オオヤシマ）の国々（日本列島）をつくられた。

この神話を裏付けるように、淡路島には、イザナギ・イザナミの二神を祀《まつ》る伊弉諾神宮（淡路一の宮）をはじめとして、古代は入江の中にあり、国生みの聖地と伝えられる丘にあった自凝島《おのころじま》神社や、イザナミ神を主神に二人のお子様の三柱を御祭神としている諭鶴羽《ゆづるは》神社（元熊野宮）があります。

また、イザナキ・イザナミの二神が島を天の御柱に見立ててめぐったという言い伝えがあり、山全体がオノコロさんと呼ばれている沼島《ぬしま》など、神話にまつわる場所のほかにも、巨石信仰を思わせる大きな神籬岩《ひもろぎいわ》がある岩神《いわがみ》（岩上）神社や、「太陽の道」（春分と秋分の日に太陽が通るライン）と呼ばれる北緯34度32分線上に位置する舟木石上《いしがみ》神社のほか、「君が代」に詠《よ》まれているさざれ石の磐座《いわくら》や縄文時代の遺跡なども残っています。

国生み・国造り神話の舞台である淡路島に生まれ育った私は、誰から教えられたわけでもないのに、なぜか小さい頃から「淡路島には何かがある」との強い思いをずっと心の中に抱き続けてきました。

折にふれ、淡路島に秘められた謎について私なりに探究し、そのつど縁のある方々との出会いを重ねるなかで、徐々にその謎が明らかになっていきました。

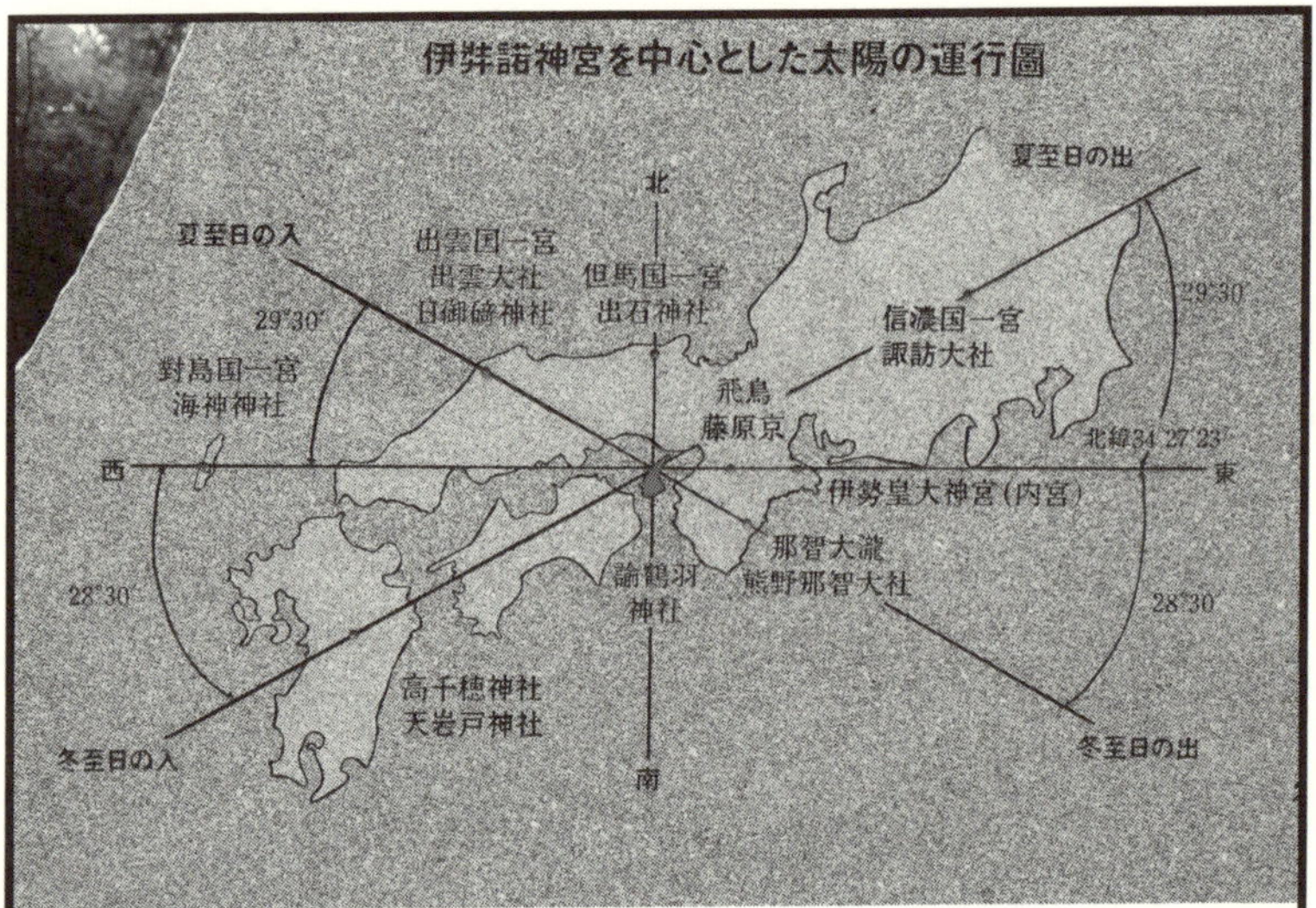

伊弉諾《いざなぎ》神宮を中心とした「太陽の道」

伊弉諾神宮

伊弉諾神宮内にある「太陽の道」のモニュメント

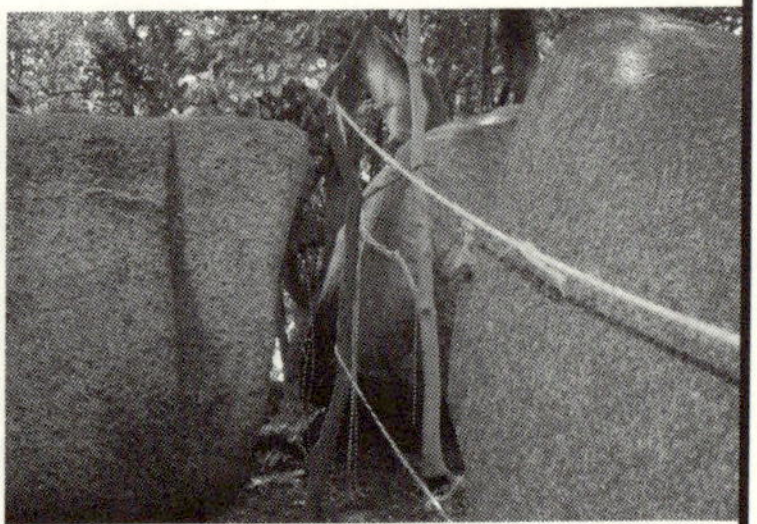

北緯34度32分の線上にある、太陽信仰の舟木石神神社（淡路島）

そして、現在私は、「紫苑《しおん》の山」と名付けたお山で、みろくの世に向けて、新たな国造りのための天地《あめつち》の元宮《もとみや》を祀らせていただいています。

淡路島に秘められた謎については、次章以降で詳しく述べるとして、まずは紫苑の山についてご紹介させていただきます。

紫苑の山は、淡路島の洲本市由良という場所にあります。

その山頂にある天地の元宮で祀らせていただいているのは、宇宙の創造主です。

ヤハウェ、エホバ、エルエルヨーンなどさまざまな呼び名で呼ばれ、日本においては天地根本大祖神《てんちこんぽんおおそかみ》、天の御親などとも称されており、その創造主のご意志を受けてこの世における大司令官役を果たされているのが大国常立大神《おおくにとこたちのおおかみ》です。

「はじめに」で述べたように、天地の元宮には次の3つの宮を設けています。

一つ目は、古代ユダヤ人が築いた祭祀場としての「百合の宮《ゆらのみや》」。

ここには、古代イスラエルの10部族が辿り着いた証としてお祀りしています。

二つ目は、縄文人が開いた祭祀場としての「布留辺の宮《ふるべのみや》」。

ここには、もともとこの地にあった縄文時代からあったと見られるセメント的な技術によって造られた石（さざれ石）をご神体としてお祀りしています。

三つ目は、天地の元宮の奥宮となる「桃《もも》の宮《みや》」。

ここには、天理教を興《おこ》した中山みきさんの予言を受けて「地軸の確立」（後述）のためにお祀りした、海の藻が石となった緑の玉ほこの円柱石、そして、縁あって受け継いだ、大本（教）の出口王仁三郎聖師の手による六芒星の形をした青銅でつくられたダビデ紋をお祀りしています。

この青銅のほかに、御影石でつくられたダビデ紋が6個、以前、ここにありました（詳しい経緯は第5章で述べます）。

天地の元宮のご祭神である天地根本大祖神と大国常立大神という神名は、出口王仁三郎聖師が言われた親神（⦿）、「艮《うしとら》の金神《こんじん》」に由来し、古神道の「元津神《もとつかみ》」、キリスト教の「ヤハウェ」、仏教の「大日如来《だいにちにょらい》」、バラモン教の「梵天《ぼんてん》」、あるいは「サムシンググレート」などと同じような存在で、宇宙万物を創造された唯一の神様です。

なぜここに天地の元宮を設け、紫苑の山と名付けたか、そのいきさつについては一つ一つ順を追って説明させていただきますが、もともとこの紫苑の山は、太古より人々が祈りを捧げる聖なる場所でした。

そして、天地の元宮を設けて新たにお山を開いたのが平成19（２００７）年11月7日の

出口王仁三郎の手でつくられた青銅のダビデ紋

紫苑の山頂にあるイワクラと祭壇

ことでした。それから、ご縁のある方々が日本各地から訪れるようになり、とりわけ、平成23（2011）年3月11日に起きた東日本大震災以降、人づてにたくさんの人たちが来られるようになったことから、現在もその対応に追われる慌ただしい日々が続いています。

私の本業は、食品製造会社の代表者ですので、神事《かみごと》は、本業をやりながらの二足のわらじです。長い間、神事に携わらせていただいてはいるものの、特別な能力があるわけではありません。

ごくたまに直感を通して神様からメッセージをいただくことはありますが、神様からの啓示を直接受け取られる方々が私の周囲にそのつど現れてはメッセージを降ろしてくださることもあって、そこで一つひとつ間違いがないか確かめながら今日までやってきました。

ですから、私としては、神事と同じようにこの世の仕事もおろそかにせず、共にこの世の修行として、日々精進できるように努めていきたいと思っているところです。

神との出会い――何でも神様に話しかける子供時代

私は小さい頃から勝気な性格で、何か心配事があっても人に相談することをせず、一方通行だけど空に向かって何でも神様に話しかけたり、いつも親の傍《そば》で一緒に真似をして祝《の》詞《り》をあげたりと、ちょっと変わった子供でした。

また、両親の口癖がうつっていたせいか、良いことも悪いことも「ありがとう」と言うようなところがあり、それは大人になってからも変わりません。

ここで、私が歩んできた人生の道のりを、足早に辿ってみたいと思います。

私が洲本《すもと》市由良《ゆら》に生を受けたのは、終戦から1年後の昭和21（1946）年。実家は田舎のよろずや（屋号は「魚亀」）で、アイスキャンディーやお菓子、米、タバコや日用雑貨などを販売し、両親はうどんの製麵販売なども手がけていました。

私は6人兄弟の5番目で、一番上の兄とは親子ほど年が離れていて、2番目の兄が子供のいない夫婦に預けられたのをきっかけに、長男と私以外の4兄弟はみんな子供のいない家に預けられて、とても大事に育てられました。

他人の家とはいえ、ひもじい思いもせず、恵まれた環境ですくすくと育った兄弟たちに比べて、私は小学生の頃から自転車に乗って集金係をこなすなど家業を手伝わされ、学校から帰ってきても友達と遊ぶ暇《ひま》もないくらい忙しい毎日を送っていました。

店ではアルバイトの人を雇っていたのに、母はわが子の方が頼みやすいのか、いつも私に用事をいいつけるので、ある日、「お母さん、悪いけど何のために人を雇うてんの？」とつっかかったこともありました。

そんな家業に追われる子供時代を過ごしながら、地元の中学、高校を卒業した私は、すぐ上（3番目）の兄のように大学へ行きたいと思っていたのですが、それは叶わぬ夢でした。

3番目の兄は浪人をしても大学を出してもらえたのですが、当時はまだ女性は大学なんて行かなくてもいいという時代でした。親に内緒で勝手に2ヵ所大学受験をし、ひとつは受かったのですが親の理解が得られず、私は進学を断念し、家の手伝いを続けることになりました。それでもできれば一浪をするつもりでした。

ところが、一日中お店にかかりっきりで、あまりにも忙しい毎日が続いたことから、このままでは何もできない、大学の進学のための勉強もできない、自分らしい人生を送れないと感じるようになって……。とにかく一度家を出たいと思い、すぐ上の姉が洋裁学校を出ていたこともあって、私も洋裁学校へ行きたいと両親に強く懇願しました。

親は働き手を失うのがさぞ痛手だったでしょうが、しぶしぶ承諾してくれました。

そして、19歳の秋、芦屋にあった洋裁学校に、他の生徒よりも1年半ほど遅れて入ることができました。

淡路島を出て初めての一人暮らし
――ニットウェア業界で活躍する淡路島出身者

こうして、淡路島を出て神戸市内に下宿をし、生まれて初めての一人暮らしが始まりました。

ところが、いざ洋裁学校に通い始めたら、手縫いをするとすぐに肩が凝って歯が浮き痛くなってくるので、縫《ぬ》い子は自分にはあっていないことがわかり、どうしようかと悩みました。

そんな折、実家から一番上の兄が経営していた会社（配合飼料工場）が倒産したという一報が入り、家族みんなで債権者会議を開くので私にも参加するようにとのことでした。

私は卒業まであと半年という時期だったのですが、兄の会社が倒産したことで、実家が借金返済の肩代わりをしなくてはならなくなり、そうなると仕送りも難しくなることから、いっそのこと学校を辞めて淡路島に帰ろうかと思案しました。

下宿先の奥さんにその話をしたところ、奥さんが、「たとえ専門学校でも卒業するのとしないのでは後々違うので、私がお金を出してあげるからちゃんと卒業しなさい」と言ってくださり、その言葉に甘えて授業料を貸してもらい、何とか無事卒業することができました。今思うと、この時に卒業できたことがその後の就職につながり、私の人生の中でもとても充実した自分らしい時期を送れたので、本当に感謝に堪《た》えません。

洋裁学校時代、他の人と同じ服をつくったり着たりするのが嫌だった私は、他にはないものを新たに生み出したいという気持ちがあり、自分なりの個性を発揮することができました。

「あなたは、仮縫いの時は変な服ばっかりつくるけど、できあがってみるとなかなかいいわね」などと先生から褒《ほ》められ、自分はちょっと変わった感性があるのかなと、嬉しく思ったものです。

洋裁学校を卒業した後は、神戸のニットウェアの会社に就職し、企画室に入ってデザイナーの仕事をすることになりました。

たまたま社長の奥さんは淡路島の出身でした。また後で知ったのですが、ベルトリコやワールド、オールスタイルなどニットウェア業界で名を成した人は、この会社の出身者ばかりで、どうやらニット業界の草分け的存在の会社へ就職できたようでした。また、ニットは伸び縮みする素材なので、デザインをするにも創造力を発揮しやすく、就職できた会社が自分にあっている気がして、とてもご縁を感じました。

結局、そこで4年3ヵ月間勤めさせてもらったのですが、最初の2年は景気がまずまずだったこともあってさほど忙しくなかったのですが、後半の2年はちょうど高度成長のピーク期とも重なったせいか、とても忙しくなって、仕事に明け暮れる毎日でした。

ところが私の場合、兄の会社の倒産という一家の一大事が起きたこともあって、給料やボーナスが出ても、ほとんどは兄の借金返済に回していました。

地元の女友達は大学を出てOLになり、休みの時には海外旅行なども楽しんでいました。私もたまには旅行がしたいと思っても、親から「あんたはそんな身分じゃない」と言われ、旅行に行く間もなく働いていました。

自分がデザインした服が大ヒットし、一世を風靡！
――『an・an』『non・no』でも大人気に

そんな慌ただしく、経済的にもカツカツのOL時代でしたが、これまでの私の生涯において忘れ難い、とても嬉しい出来事もありました。

それは、デザイナーとしての初仕事でのこと。試作の担当をしてくださったニッターさん（編物職人）が、「佳代さんの初仕事だから、気合いを入れてサンプルづくりをするからね」と約束してくださり、想像以上にかなりいいできばえのニットのワンピースの作品が仕上がりました。その一点もののサンプルを展示会に出展しました。

普通アパレル業界では展示会で営業担当の人が注文を受けるのですが、私は初めての展示会に自分の作品が出たからと、自ら注文書を持ってまわりました。全国から展示会へ出向いたお店の方々すべての人に、「リスクをお掛けすると申し訳ないのでどうか色違い3点だけをお店に飾ってください」と頼み込み、ありがたいことに皆様快く応じてくださいました。返り注文がどんどん来て、大ヒットにつながったのです。これも大企業ではなかったため、許してもらえた行動であったと感謝せずにはいられませんでした。

実は、そのニット服は、取引き先の業者さんから「売れ残った糸を何とかしてほしい」と頼まれたのがきっかけで生まれた作品でした。そんな制約があったからこそ、自分なりに創意工夫ができ、当時は誰も発想しなかったニットのワンピースを思いついたのです。

私がデザインしたニット服は、「街で出会ったカッコいい女性」などと注目を浴び、

『an・an《アンアン》』『non・no《ノンノ》』といった女性ファッション誌でも取り上げられ、会社が広告費を使わなくてもタダでPRできて、テレビ番組のカバーガールがそれを着ていたり、業界紙の表紙を飾ることもありました。

服がヒットしたことで、著名なデザイナーが同じようなデザインのニットのワンピースを出し、それに続くように東京の既成服メーカーも同様の商品を制作して、一気に売りだしました。もちろん、そのようなことはファッション業界ではよくあることです。

そんな状況だったので、ある日、市場調査をかねて神戸の三ノ宮の街を歩いていると、私のデザインしたニット服を着て歩いている女性たちが5、6人目に入るなど、自分で言うのもおこがましいのですが、まさに一世風靡《ふうび》といった状況でした。

そんなわけで、私が会社を辞める頃には5人ほどデザイナーがいましたが、デザイン全体の70%ほどの仕事を私一人に任されるほどになっていました。

そんな折、妹が結婚することになって、私はそれを機に淡路島に帰ることにしました。

妹は、それまで実家の麵工場の仕事を手伝っていて、他の兄弟は債権者として長兄の会社に携《たずさ》わっていました。妹から「結婚したいと思っている人ができたが、親に反対されている」と聞かされました。私は一度その相手の方と会ってみると言って帰郷し、面会させてもらいました。とても感じのいい方だったので、すぐに私が会社を辞めて家の仕事をするから、と妹に結婚をすすめました。妹の結婚が決まったことから、私が退社して実家の仕事を引き継ぐことに決めたのです

ただし、デザイン会社としてはまだ私を手放したくはなかったようでした。

展示会が決まっていたことなどもあって、結局、妹の結婚式の前日まで会社を辞められず、結婚式の前日に退社するという慌ただしさで、淡路島に戻ることにしました。

淡路に戻ってからも地元の街で自分がつくったニット服を見かけることがあり、当時はそれがとても嬉しくて、今でもいい想い出になっています。

淡路へ帰って一番の仕事は、自動車免許を取得することでした。その時点では私は傷がついていないため、個人経営でしたが帰ると同時に家業の代表者となりました。最初は資金繰りも大変でしたが、好景気の時代でしたので順調に売上を伸ばすことができ、税金も納付することができるまでになり兄の個人的借金も完済させました。

そして、私の妹の結婚と同時並行くらいにつき合っていた彼と結婚をしましたが、兄と折合いが悪く、けんかばかりしていて、とうとう彼の故郷である信州へ一緒に帰ろうとせまられました。その時事業は会社組織にして兄が社長となっていましたが、一緒に信州へ

行ってしまったら、また会社を潰《つぶ》してしまうと思い信州へ行くことを心を鬼にして断りました。

彼は絶対私が一緒について来てくれるものと思っていたようでしたが……。私が一番つらかったのは彼のお母さんがとてもやさしい人だったことです。

嫌いな相手と離婚するのは簡単だけれども、私はそうではなかったので大変なエネルギーを必要としたことを覚えております。彼には大変申し訳ないことをしてしまいました。しかし今では一緒にいてもままならない相手だったろうから、それでよかったと思っております。

ある時、電話があり「すまないが再婚するから」と報告がありました。しばらくして、その奥さんから手紙が届き「主人は亡くなりましたが生前『佳代には、僕は大変つらい目をさせていたと思う』と貴女の話を聞かされていました」とありました。そして短いとはいえ彼もやさしい彼女と暮らせていたことは幸せであったろうと思い、彼の最後をみとってくれた彼女には深く感謝しております。どうやら彼も天上人となっていたようです。

兄の突然の事故死で事業を継承、そして借金に追われて自殺を決行するも神と先祖に助けられる……

昭和59年4月4日、またもや思いがけない試練が訪れました。

長兄が交通事故で亡くなりました。1億円の保険金が下りたものの、当時兄の経営していた会社は工場を新しくし設備投資もして銀行の借金が大きかったため、すべて銀行への返済に回されました。

私たち家族には1円も残りません。周りからは長兄がつくった借金だから会社を潰してしまったらとの声が多かったのですが、兄妹で5番目であった私が両親からの要請で跡を継ぐことになりました。

保険会社は、兄に支払ったのだからといって私の保険の額をどんどん膨らませました。私の場合長兄とは親子ほどの年齢差があり、また女性ということもあって、結局6億円の保険をかけさせられました。それでも私の掛け金は長兄の半額ほどだったのです。

長兄の事業を引き継いでから1年半ほど過ぎた頃、今度は取引先の大口問屋が2軒、続けて倒産しました。当時は製麺会社を営んでいたのですが、排水処理施設の設置が必要となり、多額の金額が必要で、もう会社を続けられないという状況に陥りました。

魚谷家は倒産ばかりくり返している家だと淡路でも有名でしたが、何としても私の代で潰してはいけないと思い、考えあぐねました。

そして、保険を1年半ほどかけてきたのだから、自殺でも保険が下りるだろうと、自殺による借金返済を決行することにしたのです。

よく相談していた弁護士さんに、お金の割り振りを書いた書類が私の死後に届くように事前に送っておいて、覚悟を決めて決行しました。

ところが、夜中の3時頃に決行したにもかかわらず、その直後、私の自宅に「どうしても佳代さんを起こしてほしい」と知人が電話をかけてきたそうです。

姉が大声で声をかけても私が起きない。合鍵で部屋に入り、驚いた姉はすぐに救急車を呼び、私は病院へ。飲み込んだ毒を吐かされて、一命を取り留めました。その後お医者さんから「あなたの胃の壁はただれて胃かいようのようになっているから気をつけなさい」と注意を受けました。

神に対して「なぜ死なせてくれなかったのか？」と責めましたが、何日か過ぎて落ちつ

魚谷家の先祖、亀太郎さん

いてきた時、私はやはり心のどこかで生きたかったんだと思いました。あの日の夜中、神と先祖の亀太郎さんが私の知人に電話をかけさせたのだろうと思えるようになり、今では奇跡を起こしてくれたものと感謝しています。

いくらお金があっても、使い方を間違えば何にもならないと思えるようにもなりました。しかしながら、まだまだ当時の負債も全部解決したわけではなく、生業の方も頑張らねばと思っています。

そして、私はその後、空に向かって次のような誓いを立てました。

「私は、神様、そしてご先祖様に命を助けていただいたと思っています。また神様には手足がないと聞き及んでおります。どうか一度死んだ命、私のこの肉体、手足を存分にお使いください。そして個人で足りない分は、私の経営している会社（味きっこう）をお使いください」と。

いよいよこれから地球7度目の立替に突入!!
――知人のお坊さんとクリスチャンを通じて天啓を受ける

それから、十数年が過ぎ、「私には神様の御用はないのかしら?」と思っていたところ、平成11(1999)年3月に突然、始まったのです。

それは、一度東京で会ったことのある男性・Aさんが訪ねて来たことから始まりました。

Aさんは、「自分に突然光が入り、高野山に行って修行をしてきた」と言って、頭を坊主にしていました。淡路島の知人宅に滞在していて、私の家のお墓にどうしてもお参りに行きたいと言われたので、私はAさんを魚谷家のお墓に案内しました。

すると、突然、Aさんは大声で念仏を唱え出し、それを機に人の体の悪いところを治せる力やいろんな能力を持ったのです。

後で考えると、魚谷家の先祖の亀太郎さんが持っていた能力がAさんに移ったものと思われます。

それから、2、3日後の夕方、知人宅に滞在していたもう一人の男性、クリスチャンの

Tさんがいて、AさんとTさんと3人で一緒に夕食を食べる機会がありました。食事が終わってから、Aさんに神からメッセージが降され、そのメッセージをTさんが解説してくれました。

その説明を受けて、今度は私が答えるというトライアングル問答が始まりました。

それは夜8時から明け方の5時頃まで続き、一度帰宅して仮眠し、7時から仕事に出かけ、その次の日もまた次の日もと3日3晩続き、その問答によっていろんなことを教えられました。

今考えると、そのやりとりはかなり激務であったにもかかわらず、なぜか疲れるということはありませんでした。その問答のあらましは、おおよそ次のような内容でした。

魚谷佳代よ、お前は創造主を斎《いっ》き祀《まつ》る宮　天地之元宮《あめつちのもとみや》を祀れ
宗教はいろいろあれど、宗教で争いが起きる
宗教の一段上にと意識を高め　清いみ魂を集めよ
人材は用意してある
人は皆、神の子で、神の分霊《わけみたま》を持っている

しかし、そのことすら知らない人が多い
三次元に生きている皆に知らしめるため
シンボルとなる宮（天地之元宮）が必要なのだ
目で見て感じ、自身の中に宮居《みやい》を立てること
宇宙の中でも地球はとてもとても大事な星
いよいよこれから地球7度目の立替に突入する本番である
本番に必要な人材はいろいろな星から
また、古い地球人と共に
今、人として転生させてある
その人々の清いみ魂の結集が必要なのだ
そして、地球は今や人の自然破壊、やまぬ戦争のため
天変地異、異常気象が続発しているが
その結集した皆の力で　大事な星
この地球を再生するよう　護《まも》ってくれよ
広島、長崎と原爆の洗礼を受けながらも

なお、もの言わぬ日本人
処理不可能な原子力は人の扱う域ではない
そして、皆の力で7度目の地球立替が達成できたなら
未来永劫立替はない
蝶は舞い、鳥がさえずる地上天国の到来となるのである

途中、具体的な話も交えながらの3日間でした。

その3日間の問答のなかで、印象深《いんしょうぶか》かったことがありました。AさんとTさんは言葉を使わずテレパシーで会話しており、彼等には龍の姿も見えていたようです。そこで私は「私だけそのような能力がないなんて不服です」と言ったところ「お前はそのまま能力がなくていいんだ。丁度《ちょうど》いい時に丁度いい人がやって来ていろいろ教えてくれるはずだから。また、お前は人一倍苦労をしてきているはずだから、目で見て、耳で聞いて自分の丹田《たんでん》まで落とし込み決断して行動するように」と言われました。

その数日後、クリスチャンであるTさんが、「佳代さん、聖書というものは読むものではなく、読み聞かせてもらうものです」と言って、30分ほど読み聞かせてくれました。

その中に「アジアの7つの教会」という文言があり、なぜか私の耳から離れなかったのでした。この文言が、のちに出口王仁三郎聖師が残してくれた6つのみかげ石と青銅製のダビデ紋につながっていくことになるのです（第5章で後述）。

私は、一連の3日間の問答のおさらいをするために、AさんとTさんに質問をしたのですが、二人ともわからないと言い、どうやら記憶から消されていたようでした。

この出来事があって以来、この3日間の神からのメッセージの内容があまりにありがたく、畏《おそ》れ多くて、私は泣いてばかりいて、周りから「佳代ちゃんは気がおかしくなった、狂っている」と言われるようになりました。

周りから気違い扱いされているようでは神様に申し訳ないと思い、半年後くらいからは、仕事に集中して、普通の行動をとれるよう努めることにしました。

天地之元宮の場所探しは、このような経緯を経て始まったのです。

第2章

淡路島の聖地「紫苑の山」から日本とユダヤのむすびが始まる！

ようこそ、紫苑の山へ——王仁三郎聖師と先祖亀太郎の霊的遺志を継いで

宇宙創造神を斎《いつ》き祀《まつ》るための天地の元宮を設けるのに最もふさわしい場所、それが現在の紫苑《しおん》の山でした。

その理由について語る前に、改めて天地の元宮の意義について確認しておきたいと思います。

ここ天地の元宮において、宇宙創造神をご神体としてお祀りさせていただいている理由は、すべての人間は宇宙創造神の分霊《わけみたま》であるからです。

分霊というのは、どんな人も神の性質を持っているという意味で、内なる神性、仏性と言ってもいいかもしれません。

直接神様の啓示を受けていた出口直さんとともに大本（教）を開いた出口王仁三郎聖師は、「人間というものは、神様の水火（いき）から生まれたもので、その神様の分霊が人間となる」と述べており、王仁三郎聖師の影響を受けた日本の歴代の宗教家たちも皆同じような教えを説いていて、私自身もそう感じています。

つまり、肉体は霊の容《い》れ物、神の宮であって、私たちはこの肉体を使って神の御子たる働きをしなくてはならない。魂が肉体に入り、古くなって役にたたなくなれば、また出直して新しい身体に宿り、神の分霊として魂を磨き、清めるために輪廻《りんね》をくり返しているのだと思います。

王仁三郎聖師（以下、親しみを込めて王仁三郎さんと記させていただきます）が出口直開祖と共にみろくの世（地上天国）の建設を目指して京都府綾部市に大本（教）を開かれたのは明治25（1892）年のこと。

以来、大本は、三千世界の建替え・立直しを目的にさまざまな活動を続けていますが、王仁三郎さんご自身は、大本という枠をはるかに超えた偉大な霊的指導者として、今もなお日本や世界に向けて多大な影響力を及ぼしておられます。

すべての人間が、この世に肉体を持って生まれてきたのは、神様の使命を果たし、理想社会づくりのために貢献するためであって、王仁三郎さんはそのような社会を「みろくの世」（地上天国）と呼んでいました。

この天地の元宮も、みろくの世の到来を願う王仁三郎さんとの神縁をいただいている場所の一つで、神々の依《よ》り代《しろ》としての神座《かむざ》です。

誰もが神様のかけがえのない分霊としての役割を担っていることを一人ひとりが自覚して、自分のお役目を果たすことが人生の本当の目的です。この天地の元宮は、それを踏まえて、縄文人、弥生人、そして現代に生きている私たちが、ご先祖様のみ魂と共に新たな時代、みろくの世を建設するための祈りの場なのです。ですから、既存の宗教・宗派には一切とらわれることなく、ただただすべての存在の親神である宇宙創造神（元津神）に思いをはせながら、自らの魂の目覚めと世界平和を祈念する場として、訪れる人をご案内している次第です。

また、紫苑の山には、山頂にある三つの元宮とは別に、もう一つ大切な場所があります。それは、山の麓《ふもと》にある小さな祠《ほこら》で、この祠は、魚谷家の8代前の先祖に当たる魚谷亀太郎さんが生前、熱心にお祈りを捧げていた場所（仏式の石塔）です。

言い伝えによると、亀太郎さんには子供がなく、金沢の前田家の筋の方を養子としてもらいました。その後、後妻を迎え、その女性との間に子供を授かったことから、跡継ぎにする約束で養子にしたのだからと、自分は隠居をしたそうです。

亀太郎さんが紫苑の山の麓に祠を祀ったのには理由がありました。亀太郎さんがある日、鍬《くわ》をもってこの辺りを歩いていました。すると背中が苔むしたような白い大蛇が出現し、あまりの大きさにびっくりして鍬をふり上げたそうです。神様の顕現である大蛇に歯向かったからなのか、眼が見えなくなってしまいました。

深く反省した亀太郎さんは、それを詫びるために祠をつくり長年お祈りしたそうです。やがて神から許され、両眼が回復しただけでなく、特殊な能力（術）も同時に身につけたようです。

その祠の左側には「黄金《おうごん》之《の》玉《たま》乃《の》寶《たから》巳《のみ》」があり、ここは私なりにニギハヤヒノミコト、あるいはイエス・キリストとしてお祀りしています。また「三十二番」の祠には菊理媛《くくりひめ》、瀬織津姫《せおりつひめ》、あるいはマリア様としてお祀りしています。これは次なる時代の大いなる父・母として大事な祠です。

亀太郎さんはとても信心深く、粉師として一所懸命に働いて事業で成功をおさめ、魚谷家にとっては、とても功績のあるご先祖様です。亀太郎さんは、磨《みが》きテグス（釣用具）を考案した元祖です。それを由良の女性の仕事として地域活性に役立てるなど、商売でも何でも、他の人が成り立った後の残り福で自分のことをやり、地域への貢献が認められて由良の古文書（由良志稿）にも載っています。代々魚谷家では、「血はつながっていないけど、ご先祖の亀太郎さんはすごい人やったんよ。人徳のあった亀太郎さんの精神だけは受け継がないかんよ」と語り継がれてきました。

亀太郎さん時代には財に恵まれ、山も所有していた魚谷家も、その後の代になってから山を売ったり、財産も使い果たしてしまい、今は当時の資産は何も残っていません。でも、亀太郎さんが祀ってくれていたこの祠だけはずっと残されており、地元の人たちも「山のかみさん」と言って大事にしています。私もその場所が好きで小さい頃からよく一人で遊びに行っていました。

後に、複数の能力者の方々や神様の導きによって、この場所がとてもエネルギーの高い、重要な祈りの場であることはわかったのですが、その時点ではその祠に刻まれていた「三十二」という数字の意味まではわからなかったことから、亀太郎さんは32という数字で何を後世に伝えたかったのか、それがずっと気にかかっていました。

また2年前の5月の連休に、友人の紹介で東京から宇山先生が訪ねてこられました。「あなたの先祖の亀太郎さんは、歴史上、誰も知られていないけれど、とても神様に近いところまで登りつめている方ですね」と教えてくださりました。宇山先生は、亀太郎さんの写真と会話しながら、いろいろなことを私に伝えてくれました。最初（１９９９年）に神から教わったように、私には特殊能力などは要らず、たくさんの人々の働きによって学

「三十二」と刻まれた亀太郎さんが祀っていた祠

黄金《おうごん》之《の》玉《たま》乃《の》寶《たから》巳《のみ》

ぶことができていると確信したしだいです。

名もなき山を「紫苑の山」と名付けたわけ
――神のシンクロに導かれて2007年、神座を祀る

天地の元宮をお祀りする場所を求めて、日々過ごしていた頃、ある知り合いのご婦人が弊社（味きっこう）の工場を訪ねてきて、驚いた様子でこう語り出しました。

「佳代さん、裏のお山の頂上の上を天龍がグルグル旋回しているよ。ということは、この山はとんでもない聖地なんよ！」と。

また、別の大阪のご婦人は、私と一緒に亀太郎さんの祠へお参りした際に、「佳代さんが探し求めている創造主を祀る場所はこの山の上がいいんじゃないの」とも言ってくれました。

それに加えて、以前から兄が「この山の上の景色がとてもすばらしいから一度見るといい」と言ってくれていたことを思い出して、さっそく登ることにしました。

その山の中腹は、関西空港の埋め立て用の土を採るために山の一部が削られ、そこは原

っぱになっていました。紀淡海峡、淡路橋立が眼下に見えるすばらしいロケーションであり、すぐに「ここに決定！」と思いました。

その後、しばらくして、今度は北海道札幌に住んでいる飴谷《あめたに》等《ひとし》君が訪ねて来られました。飴谷君は札幌を出発して、稚内まで北に進んだ後、そこから沖縄まで日本列島を歩いて横断する旅をしている若者です。日本海側を歩いている途中、中越地震の被災地でボランティア活動をし、富山から京都を経て神戸までやってきたそうです。

そして、三宮で「あすなろ玄米食」を中心に販売しているセラフィック春貴のりえさんを訪ねた際、「りえさんから淡路島へ行くように勧められた」と、私のところに電話がかかってきました。

それがきっかけで、私の家に1週間ほど滞在していました。その間に彼から聞いた話によると、飴谷君が日本各地を縦断中、富山辺りで「お前はこれまで楽しく旅をしてきたであろうが、これからは心して歩けよ」とメッセージが降りるようになったそうです。

そんなこともあったので、飴谷君に一緒にお山に登ってもらい、原っぱに案内したところ、彼はさらにそこからもう一段高い山の頂上に向かって走って行き、「佳代さ〜ん、ここだよー。ここがイスラエル10部族が葦船の大船団でやってきて、沼島《ぬしま》から灘海岸を経て由良の地に落ち着き、神を祀った最初の祭祀場だよ」と叫ぶように言いました。

私もその場に行ってみて、天地の元宮をお祀りする場所はここだ、とさらに確信を深めました。

これが一つ目の宮、イスラエルの10部族が辿り着いた証としての天地の元宮「百合の宮」が決まった理由です。

それから、飴谷君は徳島県（阿波）の鳴門のまことちゃんを訪ね、そこで私の友人である青木裕・佳代子夫妻、紫合光《ゆら》さんらと出会ったそうです。

彼からの電話で、「佳代さん、どなたに聞いても四国へ来たなら剣山に登るといいと勧められるんだけど、僕は車がないので何ともならない」とのことでした。

私は「日曜日まで待って」と伝え、後日、淡路で彼をお世話していた川村さんと一緒に徳島に向かい、鳴門の道の駅で紫合光さん夫妻と飴谷君と合流して、みなで剣山に登ることにしました。

時間が遅くなっていた私たちは、帰り道、ロープウェイはすでに最終便が出た後だったので、携帯の灯りだけを頼りに徒歩で下山することになったのです。その道中、飴谷君が剣山の山頂で次のようなメッセージを受け取ったと話してくれました。

目醒《めざ》めなさい
切り開きなさい
争わず　待たず
時間がない

そう言い残して、飴谷君は九州へと旅立って行きました。

九州をひたすら歩いている飴谷君からの電話で、「九州には古いお宮が多く、もとは立派だったろうに、今はさびれているのはどうしたものでしょうね」と私に問いかけてきたので、「その古いお宮の神様は今は人が訪ねてこないから眠っている。あなたが大きな声でご挨拶をし、多くの神々様をたたき起こして大事なお役をなさってくださるよう頼みなさい。そうしてこれから旅をしてください。お願いね」と伝えました。

後で聞いたところによると、その後、彼は無事沖縄まで辿り着いて、みごと日本縦断を果たしたそうで、空路で札幌に戻り、一躍時の人となりました。

一年ほど前、飴谷君のご両親が、「私たちが元気なうちに一度息子の旅した道を車で辿ってみたい」と突然淡路に来られてお礼を言われたのには、とても驚きでした。

飴谷君が札幌に帰ってからほどなくして、平成19（2007）年11月6日に四国からシンガーソングライターの大村和生さん、アーティストの青木ヒメ・ヒコ夫妻他、30名ほどが訪ねて来られました。

鉄板焼きを囲んで皆で楽しい夕食を共にし、その後、大村さん、ヒメ・ヒコさん、四万《しまん》十《と》のケンちゃんが残って、他の方々は帰路につかれました。

翌朝、彼らと一緒に朝食を摂《と》っている時郵便が届いたので、差出人を見たら、千ヶ峰で神様の言葉を仲介されている池田艶子先生（後述）からでした。

その手紙には、「神様は地上に座る〝神座《かむざ》〟をと、非常に急がれております」と書かれていました。その手紙を読みあげた後、大村さんが「実は、今朝方、こんなメッセージがありました」と伝えてくれました。

ここは世界の始まりの所。
同じあやまちを二度と繰り返すことなきように、
もう一度ここから始めるように。

神の宮は人の心の中に開くように。
ただあるがままに岩があり、草木が茂り、
野生のものたちの喜びあふれる所、
それが神座と知るように。
さあ、ここからもう一度
天と地と人の輪を一つに結んで行くように
あなたたちがりっぱなお宮をつくろうとしたら、いつまで経ってもできない。
そうではなく、心のこもった石積み神殿をつくるように。

そこで、皆で「今日、2007年11月7日を記念日としよう」ということになりました。お陰さまで多くの人々の働きで神座が決まったことに感謝を捧げるための奉納演奏が始まり、天地の元宮を開くお祭りがにぎやかに執り行われました。

その日の夕方、いつも神の導きの和歌をたくさん降ろしてくださる紫合光さんから電話があり、「今日、なぜかこのような和歌が出ました」とお知らせいただきました。

名もなきて　慈しみ深き人の子よ
☉《まこと》なる　天の岩戸のあく刻《とき》ぞ
太古《まこと》の親神《かみ》の住み給ふ
天のかぐ山玉置山　シオンの山よ　隠されし
時節《とき》ぞ参りて　もの申す
我ヤハウェ（エホバ）にて　待ち給ふ　久しき歴史《ときよ》泣きぬれむ
人の子たちの　争《いさか》ひの　いつしか止《や》むを
待ち望み　心いためて　神霊《しむれい》の
声ぞとどけと　叫びしや　縁《えにし》の麻糸《いと》の
わざなりて　御魂清《みたまさや》けき　人の子の
つどいし刻《とき》ぞ　いざ来る
よくぞ見つけし　我が石の　汝《なむじ》の御魂《みたま》
まさぐりて　船玉石《ふなたまいし》の　御力《みちから》や
終末の世に　ふりそそぐ
我ぞ　愛《さば》きの　親神《かみ》なりて

フトマニ打つ日　終止《とどめ》とす
汝等《なむじら》この世の　敷石ぞ
忘るるなかれ　このよき日
惟《かむながらたまちはえま》神玉置弥栄坐せ

紫合光（2007年11月7日）

本当にありがたくてありがたくて、読んでもらいながら涙があふれてとまりませんでした。そして、「紫合光さん、今日、天地の元宮の神座を祀るお山が決定したのよ」と伝えたところ、「え～っ」とびっくりされ、「よかったねー、佳代さん」と二人で喜びを分かち合うことができました。

それまで、私は神座を祀る山は創造主をお祀りするにふさわしいシオンの山にしようとおぼろげながら思っていたところ、彼女の和歌《うた》にも出現し、やっぱりとびっくりしました。そして、私が初音《シオン》、始音《シオン》、紫音《シオン》と話していたところ、彼女のたっての願いで「紫苑《シオン》の山」が一番ぴったりということで二人で喜び合いながら決めました。このようにシンクロする、神座の決定にぴったりの和歌《うた》であり、神の意を仲介してくださる彼女の存在は、私にとってとてもありがたく、感謝に堪えません。

太古から引き継がれてきた「神座」に集う人々
——地球の狂った気をフトマニの渦で正す

大村さんが受け取った内容と同じような神座に関するメッセージは、実はそれ以前に、亀太郎さんからも私に伝えられていました。

そのメッセージを仲介してくれたのは、前述したお坊さんのAさんで、次のような内容でした。

神を斎《いっ》き、祀る役をしなさい。

世の中に宗教はいろいろあれど、その宗教によって争いが起きている。

宗教の一段上に立って、清い御魂《みたま》の人たちを集めよ。

その清い御魂の人たちで、地球の狂った気をフトマニの渦で正しく戻すように。

これは、神様の依《よ》り代《しろ》としての神座を設け、清い魂を持つ人々が集えるようにしなさいということであり、この神座が現代における天地の元宮の原点です。

絢爛豪華《けんらんごうか》なお宮ではなく、聖なる自然石を積み上げただけのささやかな神殿。

ワンランク上の次元の意識を持つ人たちが集う場。

そここそ、神の依り代としての神座ができ、それによって、世界平和とみろくの世の建設に向けての光の柱、発信地となり得るからです。

平成19(2007)年11月に新たに紫苑の山を開いてから、心ある方々がこの場で共に祈りを捧げ、祝詞を奏上し、歌や踊り、またいろんな楽器による奉納演奏をしてくださっています。

その中には、わの舞の千賀一生《ちがかずき》さん、ニュージーランド・ワイタハ族のポロハウ長老、糸川英夫(ロケット開発の先駆者)のお弟子さんの赤塚高仁さん、漫画家のMさん、うさとの服のデザイナーのさとううさぶろうさん、葦《あし》舟職人の西川雅規さん、「天下泰平」ブログで知られる滝沢泰平さん等々、精神世界で活躍されている方々もたくさんいらっしゃって、そのおかげもあって、はからずも紫苑の山の名が全国の人々に知られるようになりました。

案内役の私としては、これからの新しい時代を築くために日本が果たすべき重要な役割があり、そのためには一人ひとりが目覚めなくてはならない、といった意識をお持ちの方々がこんなにもいらっしゃることに、とても心強く感じているところです。

わの舞の方々とも縁が深く、千賀さんが紫苑の山に来られたのは、『ガイアの法則』を出版されてから間もない頃だったと思いますが、亀太郎さんが残してくれた祠のある場所は、とても波動が高いとおっしゃっていたと聞いています。

また、天下泰平さんは、初めて紫苑の山を見た時、思わず「キレイなピラミッドですね……」と声を漏らしたそうで、こんな感想を述べてくださいました（以下、天下泰平さんのホームページより）。


遠くからみると、本当に自然に生み出されたとは思えないほど、美しい形をしている山でした。山頂には、まるで〝龍の鱗《うろこ》〟のような不思議な柄をした石が立ち並び、山頂全体を見渡すと、まるで龍の背中の上に乗っているような気持ちになりました。

太古から紫苑の山を守っていた存在からのメッセージ

精神世界に通じたある有名芸人さんは、紫苑の山を訪れた際、「ここにはとても古い高貴な位の女性がいらっしゃる」と言われました。

その方は千ヶ峰トライアングル（89ページ）の剣山、玉置山、千ヶ峰を回り白山へ登ったとき、どうしても千ヶ峰トライアングルのど真ん中へ行きたいと言い出しました。白山を案内していた友人が私の電話番号を教えていいかと問われ、私は「自分で気づいた方だからいたしかたないでしょう」ということとなりました。

またその方は、いろんな映像も見えるようで、私が何も説明をせずとも、ユダヤ文化の足跡が色濃い由良《ゆら》の湊《みなと》神社で、飛び跳ねている子供たちの光景や、生石《おいし》（出石）神社に伝わる剣のヴィジョン、また「モーゼの末裔《まつえい》たち」のおまつりが見えるようでした。

また、諭鶴羽《ゆづるは》山から紫苑の山にかけての場所が元白山であるともおっしゃいました。

他にも、紫苑の山には、「女王様」「お姫様」が見えるという子供たちがいたり、どうやら、とてつもない古代の「日《ひ》の巫子《みこ》」ともご縁があるようです。

いずれにしても、多くの方々の証言によると、昔から古い魂たちがこのお山を護《まも》っていたらしく、天地《あめつち》の元宮《もとみや》を設けて新たに開山したことによって、その魂たちが自由になってとても喜んでいるそうです。

平成25年（2013）年7月には証言者の方々が、立て続けに紫苑の山に来られました。26日には、高知を経由されて来られた3人の方々が、「今日、ここに来るように言われた」とおっしゃって、「2万6千年の銀河元年、おめでとうございます」と開山のお祝いの言葉を述べてくださいました。

そして、翌日の27日には、「天下泰平さんのブログを見た」という阿波の女性から連絡があって、早朝に紫苑の山にご案内したのですが、その時にその女性Hさんから、ご自身の中で甦ってきたという次のような太古の記憶を聞かせていただきました。

かつて、私は地球の3分の2ほどの大きさの星にいた。

その星は科学が非常に発達していたが、科学技術の誤用によってその星が爆発することが予測できたことから、事前に一部の人たちが宇宙船で旅立つことになった。

その後、私の生まれ育った惑星は爆発してこっぱ微塵《みじん》となってしまった。

私は、私たちを新たに受け入れてくれる星を探していたが、見つからず、十年以上の間宇宙空間をさまよっていた。

そんな時、「私たちの星にいらっしゃい」という声が日本語で聞こえてきた。

遠くから聞こえてくるその声の方向を辿《たど》っていくと、そこは青く美しい地球だった。

こうして、母星を脱出した私たちは、地球に住めることになったのです。


Hさんは、「自分たちが生まれ育った星がなくなるという焦燥感や喪失感がわかりますか？　父や母、また親しい友が亡くなるという悲しさ以上に、とてつもない感情です」と言われました。

私はこう応えました。

「太古の記憶を持った貴女が今の私たちにとって、とても大切なメッセージをもたらしてくださいました。

そのお話を今、私たちが生かされている地球という星に置き換えてみると、空には太陽、月、星があって、地上には大気と風と青い海、緑豊かな山々があり、花々が咲いています。この豊かな自然に恵まれた星に生命をいただき、当たり前と思っていることがどんなに貴いことか……。

もし、貴女が生まれた星のように地球が爆発してしまったらどうなるかということを教えにやってきてくださったのですね。

今なら私たち人間が結集し、方向転換すれば間に合います。

とても大切なことを教えてくださり、感謝します」と。

Hさんによると、この時の声の主が、太古よりこの紫苑の山を守っていた存在だったようです。

そして、Hさんを桃の宮にお連れしたところ、「剣山の山頂とまったく同じ波動ですね！」と大変驚かれていました。

ワイタハ族長老「紫苑の山は宇宙からのマザーズシップが目指す場所！」

紫苑の山に関して、ニュージーランドのワイタハ族の長老からも同じような証言をいただきました。

長老は、これまで5回も当地を訪れてくださっています。

案内をしてくださったのはワイタハ・ジャパンの中谷淳子《なかたにじゅんこ》さんと通訳者の鈴木みほさんで、ワイタハ族の人たちはそれまでずっと日本の淡路島に対して祈りを捧げてこられたそうです。

私が長老に、「なぜ、淡路島の由良に何度も来られるんですか?」とお聞きしたところ、次のような返答がありました。

ここ(紫苑《しおん》の山)は、マザーズシップが宇宙から地球に来る時に、この地を目指してやってくる場所です。その大事な場所を守ってくれていることに感謝します。

マザーズシップは、まずここに来てから、剣山に行きます。

当所、長老にこのお話を聞かされた時、そんなことがあり得るのかと疑問に思い、他人《ひと》にはお話しできませんでした。

しかしながら、その後、徳島の女性Hさんが紫苑の山に来られた訳がわかり、ワイタハ族長老がお話をしてくださったことにも納得がいき、紫苑の山の大切さが身に沁《し》みました。

長老によると、ニュージーランドと日本は龍の兄弟関係にあり、日本民族はお兄さん龍で、金の龍が日本人の遺伝子の中にあると言います。

特に龍のリーダーである天皇家の血筋は、本家本元のシリウスからやってきた龍の血筋。

それに対して、ワイタハの長老の家系は、銀の龍の遺伝子を持っており、金の龍である日本および日本人を兄として敬い、龍として目覚めるように祈り続けてくれていたというのです（詳しくは第6章で述べます）。

宇宙から地球に来る時にまず目指す場所である紫苑の山。

それに加え、現在は、新たな時代を拓く「龍の民」としての目醒《めざ》めを促《うなが》す場。

ワイタハ族の長老の言葉を裏付けるように、まるで見えない糸に引き寄せられるようにして当地を訪れる人が増えており、その方々のさまざまな感想や証言を聞くにつけ、長老の言葉の重みを実感している次第です。

東経135度線から次の文明が興る
――淡路島に残る古代ユダヤの民が築いた遺跡

今、淡路島に注目が集まっているのには、それなりの理由があります。

その一つが、千賀一生《ちがかずき》さんが『ガイアの法則』で述べているように、新しい文明の中心地となる東経135度線上に淡路島が位置しているからでしょう。

私が友達にすすめられて『ガイアの法則』を読んだ時、次なる文明は東経135度ラインから興《おこ》り、その始まりは阪神・淡路大震災と書かれていたことに大変驚きました。

簡単にいうと、これまで文明の中心地は、シュメールから始まって、インダス、インド、唐と、地球の歳差運動の影響によって、それぞれ1611年を1単位として22・5度ずつ西と東にスピンしていて、その法則に従うと、これからは日本の東経135度線上の地域から新たな文明が興るということです。

東経135度線上には兵庫県の明石市や淡路島が位置していて、135度文明に切り替わったタイミングは1995年1月17日5時46分、まさに、淡路島を震源地とする阪神・淡路大震災が起こった時だったのです。

実際、千賀さんが亀太郎さんの祀った祠を訪れた際、「ここはすばらしくエネルギーの高いところ」とおっしゃっていたことを、ヴィッセル神戸で活躍されていた元サッカー選手のNさんから教えてもらいましたし、ヒカルランドから出ている本（『ガイアの法則［I］』）の中でも、千賀さんが中矢伸一さんとの対談で「僕自身も淡路島に行って帰るたびに何かが起きていて」とも述べられています。

『ガイアの法則』を読んだ当初、私は180度以前はムー大陸だったのだろうと思いを巡らせながら、一人ワクワクしていたことを覚えています。

そして、2700年前、葦船《あしふね》の大船団でやってきたユダヤの民の一部は、日本海を渡り、丹後半島へ、もう一方は、沼島を経て淡路島へ辿り着き、ちょうど次なる文明の中心地が135度ラインに来ることを知っていたかのようで、とても感慨深く思ったものです。

この点について、『ガイアの法則Ⅱ』には千賀さんとシュメールの神官の対話によって次のように語られています。

135度の脈動以後、私たちは長期の母なる周期の中の、さらに短期の母性周期に入ることになる。とすると、これは二元性の創造エネルギーに基く人類のあり方から最も強い一元性の創造エネルギーへと向かう急速な転換を意味するのだろうか。

「その通りだ。

あなた方が今、最大の節目を迎えているという理由はそこにある。

統合性優位と分離性優位の交代期

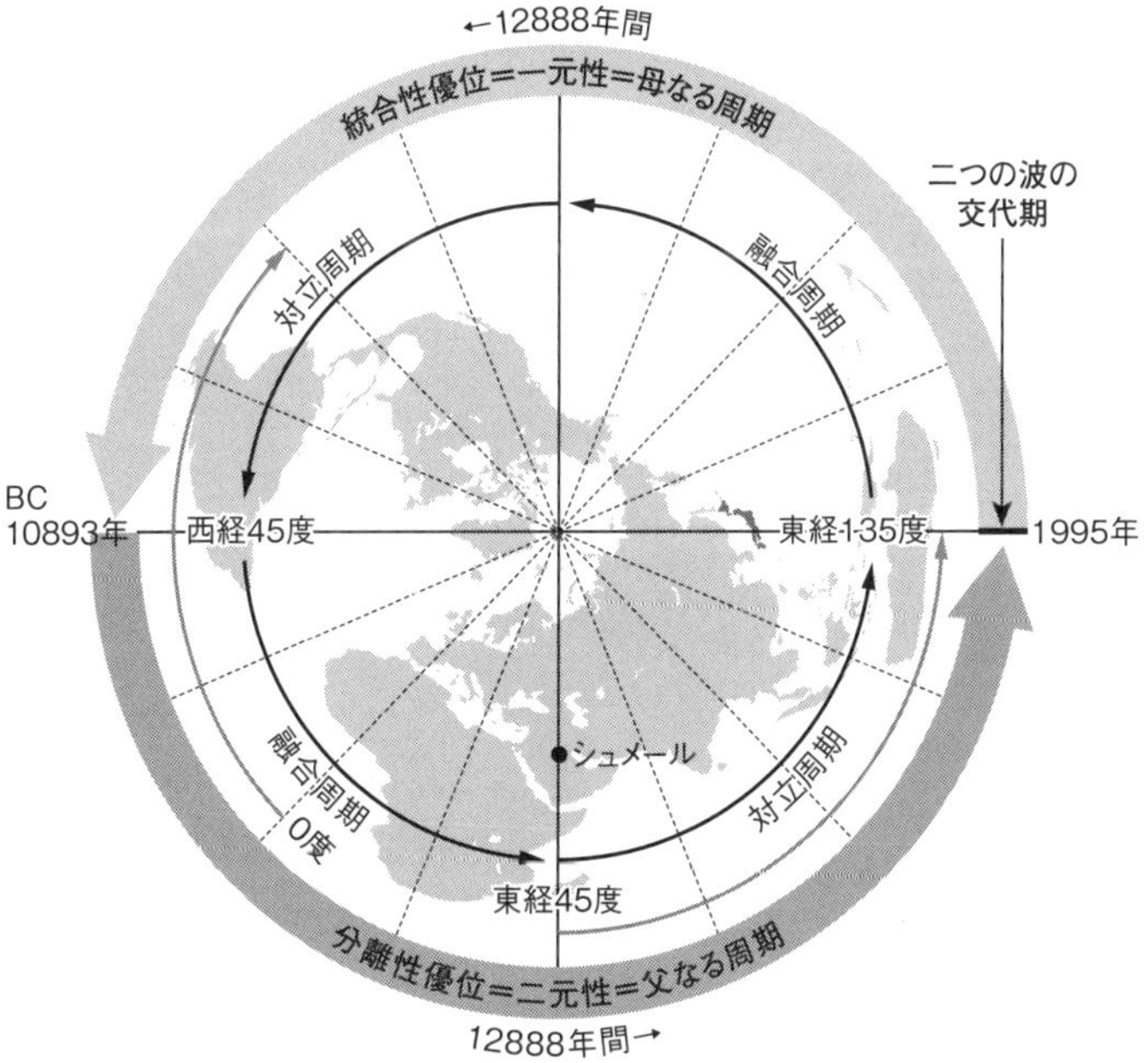

外側の解説は東回り周期を基準に作成。『ガイアの法則［II］』より

今までとはまったく逆の方向に向かうターニングポイントに今あなた方はいるのだ。そして、135度とは、我々にとって、父なる導きから母なる導きへのその転換を示す聖なる地なのだ」

私は、それが日本であることに改めて驚いた。

「この地上の万物は、見えざる宇宙の力によって存在を表わす。あなた方の周りの植物も、鉱物も、すべてはその偉大な力の顕現である。その力を我々に先立つ文明の人々はMUと呼んだ。それは万象に現れ、万象を支配する力だ。

この力は、現象界に現れるに際し、循環性の性質、すなわち時空の法則が働く。すなわち、それがより強く現れる時や場、存在というものがあるのだ。

そうした場においては、しばしばあなた方が奇跡と呼ぶ力が働くことになる。135度は、今後、この最大の場となる地なのだ。ただ、この力の受容は、受容する側の力にもかかっている。宇宙と共鳴する次元にいなければこの偉大なる力は受け取るこ

現在はホテルが建ち並ぶ古茂江一帯

発掘前の古代イスラエル文化遺跡古茔

菰江小磯海岸四州園境内中央西洋館左の岬で
発見した古代イスラエル文化遺跡

下段写真２点はかつての古茂江の様子。『淡路の神秘　エル、エロヘ、イスラエル』より

ローゼン師と淡路人形。『淡路の神秘　エル、エロヘ、イスラエル』より

とはできない。かつての大調和の時代には万人がこの力を受け取ることができた。後の時代においては、この力を受け取ることのできる人間が、神に仕える者、ないしは、神に通ずる者と言われた。

この受容の喪失は、あなた方の性の問題と密接に結び付いている。(後略)」

また、淡路島が注目をあびている別の理由としては、日本の神話や神道が古代ユダヤ文化の影響を強く受けており、そのルーツを辿ると淡路島に行きつく、ということがあります。実際に、淡路島には古代ユダヤと日本の密接な関係を示す歴史的な物証があります。

今からおよそ3000年近く(2700年)も前に、古代イスラエルのユダヤの民が築いたと思われる遺跡が、淡路島の中に22ヵ所も点在しているのです。

詳しい話は次章で述べますが、戦後、昭和27(1952)年にユダヤ教の大司教T・ローゼン師らが淡路島を訪れて洲本市の古茂江《こもえ》(菰江)遺跡(「紫苑の山」から6キロほど離れたところ)の発掘調査に加わり、これらが古代イスラエルから渡来したユダヤ人たちの手によるものであることが確認されています。

この時、遺跡からは、ユダヤの古代印の刻まれた石室が発見されました。

天井の上蓋にはユダヤの紋章（✡）をあしらった彫刻が彫られていて、石室の中には、自然の岩盤の裂け目を利用し、火を使って彫像された「女陰石」や美しい青玉石などが見つかっています。

現在の古茂江《こもえ》、古くは菰江と記した地名はヘブライ語で「秘の上の菰《こも》」という意味で、菰とは「聖なるものの覆い」のことなので、聖なる秘部を覆う菰が、菰江という地名の由来だったのです。

淡路島には、遺跡の存在とは別に、ユダヤ文化の影響を物語る風習やお祭りが今でも残っていますが、他にも渡来系海人《あま》族の神話と、国生み・国造り神話との関連を裏付けるような話があります。

それは、『古事記』や『日本書紀』（記紀）の神話の元になったものは、淡路島の海人族の間で語り伝えられていた「島生み神話」であったという伝承です。

記紀神話では、イザナギとイザナミは、国生みののち、この大地を守るべき神、国土、海原、自然の神々を生む「神生み」へと進み、天照大神（アマテラスオオミカミ）、月読命（ツクヨミノミコト）、素戔嗚命（スサノオノミコト）の三神を産みます。

淡路島の海人族に伝わる島生み神話でも、天地の初めの時、イザナキ・イザナミの二柱の神の出現から、オノコロ島の生成、二神の結婚、国生み、黄泉の国の話、禊祓《みそぎばらい》の話、そしてイザナキの神の終焉まで、イザナキ・イザナミの生涯の神話として語り伝えられているのです。

記紀の編纂に影響を与えた淡路の海人族

なかでも、イザナキ・イザナミの二神が国生みをした場所であるオノコロ島は、天の浮き橋からさし下し、海洋から引き上げた天の沼矛《ぬぼこ》の末《さき》から滴《したた》り落ちた潮《しお》がつもってできたとされています。これは淡路島で縄文時代から行われていた製塩の文化から生まれたという研究者もいます。

それによると、この淡路の神話が記紀の冒頭にすえられるようになったのは、大和朝廷が淡路島に屯倉《みやけ》をおいて直接の支配下におき、さらに御食国《みけつくに》と呼んで食料貢献の特別な地としたことに関係しているとしています。

つまり、淡路の海人族が塩や海産物などを献上するために朝廷に出仕するようになり、それにともなって海人族に伝わっていた神話が宮廷に伝えられて、記紀の編纂《へんさん》の時期（奈良時代）に壮大な国生み神話となって語られたのではないかと考えられるのです。

もちろん、記紀の編纂に当たっては北方系の人々によってもたらされた影響もあるでしょうが、ことオノコロ島に代表される国生みの物語に関しては、渡来系の海人族の影響が大きいとする内外の研究者が多いのです。

海人族とは、縄文時代の終わり頃から弥生時代にかけて主に南方からやってきた渡来人で、米や塩づくり、漁労や航海、製鉄技術などを当時の日本に伝えたとされる技術者集団です。

よく知られている海人族は、安曇《あずみ》氏、海部《あまべ》氏、秦《はた》氏、物部《もののべ》氏などですが、古代史研究家の中には、当時、丹後地方に日本最大の王朝を築いていた海部氏こそが、古代天皇家の創設に関わったユダヤ人たちだとする研究者もいます。

その海部氏は九州から出た安曇氏と関係が深く、さまざまな海人族をとりまとめていたとされる安曇氏が、淡路島の島生み神話をもたらしたのではないかとする説もあります。

いずれにしても、淡路の島生み神話は、渡来人の影響を色濃く残していて、それが記紀の国生み神話に引き継がれているのは間違いないと思います。

海人族の中でも、４世紀頃日本に渡来した秦氏は、大和朝廷に多大な影響を及ぼした渡来系のユダヤ人ではないかと目されています。

新羅語で「ハタ」は海を意味し、朝鮮半島から海を渡ってきた人、つまり、ハタビト＝海人。彼らは日本に養蚕《ようさん》を伝え、高度な金属鋳造や土木技術を持って巨大墳墓の造営や治水に力を発揮したと伝えられていて、秦氏の出自は、原始キリスト教の流れをくむユダヤ人景教徒ではないかと見られているのです。

景教とは、中国における古代キリスト教のネストリウス派を指す言葉ですが、どちらかというとユダヤ教に近く、また仏教の影響も受けているとも言われています。

秦氏が信仰していたのは、ユダヤ教やキリスト教などが成立する際にモデルとしたペルシャのミトラ教（弥勒信仰）に近いという説もあり、それは古代ユダヤ人がそれぞれの地域で土着の信仰と融合していったことを物語っているのではないでしょうか。

歴史民俗学者の佐伯好郎《さえきよしろう》博士らは、その秦氏が古代日本に初期のキリスト教をもたらしたと主張しており、秦氏が拠点とした京都の「太秦」について、「うづまさ」はアラマイク語およびセミチック語の「イエス・メシア」（Jesus the messiah）の転訛語で、景教の寺院を意味する言葉だと述べています。

また、太秦にある大避《おおさけ》（現在は大酒）神社の「大辟」は、中国語読みで「ダビデ」とい

京都、木嶋神社の三本足の鳥居

木嶋神社

大酒神社

う意味で、さらに、木嶋《このしま》神社には三本足の鳥居があることから、ユダヤ・キリスト教の整数である3と関連しているようです。

同じく、秦氏ユダヤ人景教徒説を唱えている、ユダヤ教のラビであるマーヴィン・トケイヤー氏も、「日本人の先祖はシルクロードを経て渡来したイスラエルの失われた10支族である」との見解を示していて、これらは一般に日ユ同祖論と呼ばれています。

日ユ同祖論——失われたイスラエル10部族と大和朝廷の成立

ここで、私なりに理解している日ユ同祖論について述べておきます。

古代イスラエル大国は、ソロモン王の死（BC928年）後、北イスラエル王国（10部族）と南ユダ王国（2部族）に分裂していました。

その後、北イスラエル王国はBC721年にアッシリア帝国に滅ぼされ、10部族はイスラエルの地から連れさられて、以後、どこへ行ったのか行方が知れなくなったことから、「失われたイスラエル10部（支）族」と呼ばれます。

一方、南ユダ王国はバビロニアに滅ぼされて、2支族はバビロニアに連れさられますが

（バビロン捕囚）、その後、ペルシャ帝国がバビロニアを滅ぼしたことで、ユダ王国の2支族4万2000人はイスラエルに戻ることが許され、故郷に第二神殿を建設しました。

ではたして、イスラエル10部族はどこに辿り着いたのでしょうか?

10部族は、東方に向かい、シルクロードを開拓して中国にまで到達したということは歴史的事実とされていますが、それ以降、どこに辿り着いたかについては不明のままです。

ただし、シルクロードの名前の由来となった「絹の商人」はユダヤ人であり、シルクロードの研究家によると、その終着点は中国ではなく、日本（奈良）という説もあります。

さらに、後述するように、日本神話や神道と古代ユダヤ文化の共通点が数多く見られることから、ユダヤ人たちが日本の歴史や文化に深い影響を与えたとする研究者がたくさんいるのです。

その根拠はいくつかあります。

『日本書紀』によると、初代天皇とされる神武天皇が日本国（大和朝廷）を創建したのがBC660年（辛酉《かのととり》年）とされています。これは、北イスラエル王国の10部族が母国を追われ、東方に向かってからおよそ60年後のことになります。

イスラエルから日本までは、直線距離でおよそ1万㎞なので、徒歩による旅を続けたとしたら数年で到着する距離ですし、ラクダや馬を使って辿り着いた可能性もあります。東西をつなぐシルクロードを拓《ひら》いたのがユダヤ人であったなら、中国から海路で、あるいは朝鮮半島を経て日本に渡ってくるのは、さほど困難なことではなかったでしょう。

さらに、これを裏付ける科学的な調査や研究も行われています。

現在イスラエルでは、失われたイスラエル10部族の探索と帰還を図るため、「アミシャーブ」という専門の機関を設け、DNA鑑定も含めてアジア各地での調査を行い、その中で最も強い関心を寄せているのが日本だそうです。

その理由は、10部族の末裔と同じDNAを持つ男子がチベット人や日本人に多いことと、それに加えて主たる根拠となるのが、国内外の歴史研究家やアミシャーブの調査によって、古代ユダヤと日本文化には数多くの共通点が見出されているからです。

たとえば、次のような点です。

- 神道の祭祀とヤハウェの神殿の祭祀との類似点や、旧約聖書に記されている「過越《すぎこ》しの祭り」「仮庵《かりおり》の祭り」などに見られる風習が日本の正月の祭りなどに残されている。
- 八坂神社の「ヤサカ」は古代ヘブライ語（ヘブル語）「神は偉大なり」という意味で、

天皇の別名である「帝（ミカド）」は、敬称をあらわす「御（ミ）」＋ガド族をあらわす「ガド（カド）」で「ミカド」となったのではないか（古代天皇家についてはレビ族やユダ族の説もあります）。

- ユダヤの「ヒラクティリー」と呼ばれる黒い小さな箱を額の上部につけて「ショーファー」と呼ばれる角笛を吹く風習と、日本の山伏が額の上部に「兜巾《ときん》」と呼ばれる黒い小さな箱を紐で結びつけてほら貝を吹く風習がよく似ている。
- ユダヤ人の男子が13歳になると成人式を行うのに対して、かつては日本人も同じ13歳の男子に成人を迎える元服式を行う習慣があった。
- 日本語とヘブライ語の間には意味も発音もよく似た言葉・日常語が５００以上もあり、たとえば、カク＝書く。トル＝取る。スム＝住む。ホレブ＝滅ぶ。ハラー＝祓う。ハケシュ＝拍手など。

さらに、次のような日本語（大和言葉）とヘブライ（ヘブル）語の相関性も指摘されています。

［日本語］	［ヘブライ語］	［ヘブライ語での意味］
ミカド（帝）	ミガドル	高貴な方
ミコト（尊）	マクト	王、王国
ネギ（神職）	ナギット	長、司
アスカ（飛鳥）	ハスカ	住所
ミソギ（禊ぎ）	ミソグ	分別・性別
ヌシ（主）	ヌシ	長
サムライ（侍）	シャムライ	守る者

ヘブライ語は、メソポタミア文明に由来するユダヤ人の言葉ですが、ヘブライ語や聖書の研究者たちによると日本の伝統的歌曲である「さくら　さくら」や「君が代」などがヘブライ語で読むとちゃんと整合性のある意味になると言います。

たとえば、「君が代」の場合は次のとおりです。

山伏

フィラクテリー

ショーファール

天狗。左手にあるのは虎の巻（トーラー）。

収穫の束を左右上下に揺り動かすユダヤの風習。Photo: Yoshiko VanMeter

ヒソプ。榊の原点か。

お祓いの仕草はユダヤの風習によく似ている。Photo: Tawashi2006

〔出典：『日本・ユダヤ封印の古代史』ラビ・マーヴィン・トケイヤー著　久保有政訳〕

［日本語］	［ヘブライ語］	［ヘブライ語での意味］
君が代は	クム・ガ・ヨワ	立ち上がる
千代に	チヨニ	シオンの民
さざれ	サッ・サリード	神の選民
石の	イシュ	人類の救い
巌をとなりて	イワ・オト・ナリァタ	人類が救われ、神の予言が成就した
苔のむすまで	コ（ル）カム・ムーシュマッテ	全地あまねく述べ伝えよ

また、「東方の日出づる国」は、ヘブライの民にとって「天国」を意味する言葉で、ヘブライ語で「ミズホラ」と呼ぶことから、日本の古名である「瑞穂（ミズホ）の国」に当たる。

大和朝廷の「ヤマト」は、ヘブライ語アラム方言では「ヤ・ウマト」と分解され、「神の民」という意味になる。

こうした点などからも、失われたイスラエル10部族＝神武東征による大和朝廷（日本国）の成立という図式が成り立つことから、日ユ同祖論が話題となり、さらに近年のアミシャーブの動向によって、ユダヤ人たちの日本および日本の皇室に対する関心もいっそう高まっています。

ちなみに、ユダヤ教と皇室の関係については、ヒカルランドから出版されている中丸薫著『日本人ならぜったい知りたい 十六菊花紋の超ひみつ』他で詳しく述べられていますので、関心のある方はぜひそちらをご参照ください。

古代ユダヤ人が日本の歴史の表舞台から消された理由

日本の表の歴史において、古代ユダヤ人の関与が消されてしまった理由、その謎を解くには、日本の〝裏の歴史〟を細かくひもとくことになり、そうなると、とうてい私のような素人の手が及ぶところではありません。

私なりに理解しているのは、おそらく古代ユダヤ人たちの前後に渡来してきた人たちが大和朝廷を創建し、その勢力を拡大するにあたって、ユダヤ系渡来人（海人族）と天孫族との間に何らかの対立や衝突が生じて、ユダヤ系の勢力が封印されてしまったからだと思います。

当初はいい関係を築いていたのが、大和朝廷成立以降、政略的な問題や宗教的な対立などによって、古代ユダヤ系の人々（海人族）の影響力が歴史の表舞台から遠ざけられてしまったのではないでしょうか。

もちろん、過去には、それぞれの時代によって、日本列島の南や北からやってきた渡来人はたくさんいたことでしょう。

ですが、古代ユダヤの信仰や風習が日本の歴史の中に深く根付いているのは明らかで、縄文時代の日本人と弥生時代に訪れた渡来系ユダヤ人たちが融合したのが私たちの祖先であり、現代の私たちの中にその両方の遺伝子が継承されているからこそ、神話の原点である淡路島に、今、再び注目が集まっているように思われてなりません。

それは、過去の歴史の和解であり、だからこそ神様は、二度と争いのない世界を築くために、再びこの日本の淡路の地に神座を設けるように望まれたのだと……。

出自や信仰は時代や地域によって違っていても、宇宙創造神の下、一つの歴史の流れの中で共に交わりながら生きてきた私たちのご先祖様が、今こそ過去の一切のわだかまりを超えて調和し、争いのない理想世界へと向かうように促してくれているのではないでしょうか。

ゆら＝ユダヤ⁉――隠されていた日本のトライアングルが明らかに！

もう一つ、ユダヤとの関連において、淡路島の霊的な意味を示す情報についてお伝えしておきたいと思います。

淡路島の洲本《すもと》市由良《ゆら》町は特別な地である――それを私が改めて知らされたのは、「千ヶ峰トライアングル」という幾何学模様の地図を見た時でした。

「千ヶ峰トライアングル」とは、近畿・四国地方の霊峰の三山を結ぶことによってできる地図上の三角形と、それに反転図を加えた六芒星の形で示された地図です。

次ページの図のように、兵庫県の千ヶ峰を頂点として、徳島県の剣山《つるぎさん》、奈良県の玉置《たまき》山《さん》を結ぶと一辺が約160㎞の正三角形となり、この正三角形の円周上に対置して逆三角形を描くと六芒星が出現します。

このダビデ（ユダヤ）の紋章と呼ばれる六芒星の頂点を結ぶと亀甲紋が現れ、この亀甲紋全体の中心点に当たるのが、淡路島です。

洲本市由良こそ世界の大聖地！「千ヶ峰トライアングル」

千ヶ峰

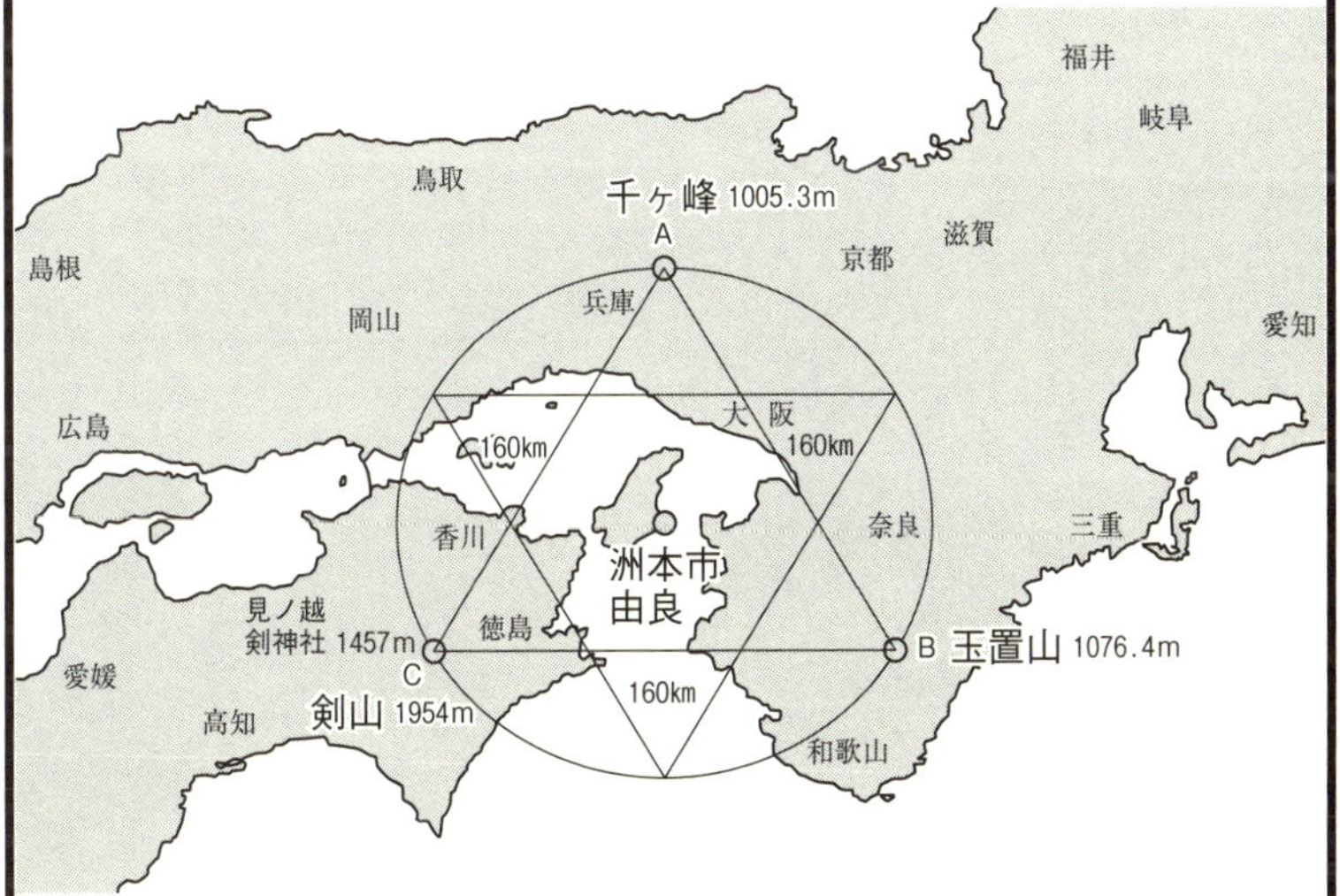

剣山

玉置山の９合目にある玉置神社

「千ヶ峰トライアングル」の図を見てから、私は「この六芒星の真ん中の場所はどこやろ?」とずっと気になっていたのですが、後にその謎が解けました。

数年前、当時はまだ紫苑の山を見つけていなかった時期に、知人の紹介で、神様からのご託宣を降ろしている千ヶ峰の池田艶子先生にお会いすることになり、そこで「千ヶ峰トライアングル」の大元の資料があることを知ったのです。

その際、池田先生の口を借りて出てきたのは、神功《じんぐう》皇后さまのみ魂でした。

ようこそ、ようこそ。
はるけきかなたよりのこの行者の到来を、神はながくながく待っておったぞ。
時、到来、チャンス到来。
遡《さかのぼ》る8代前のご先祖様の息吹を受けて、あなたはやらねばならぬ大きな大きな仕事がございます。

と言われ、そこで、池田先生らが霊的に重要な場所についての調査研究をされていたことを知り、その集大成としてまとめられた膨大な量の研究資料をいただきました。

「千ヶ峰トライアングル」の元となった図は、その資料の中にありました。そこで改めて、六芒星の中心点を確かめたところ、洲本よりも少し南に位置する由良町だったのです。

つまり、由良町は、ユダヤの神聖図形である六芒星の中心に当たる秘められた聖地であり、「由良《ゆら》」は音霊的にもユダ族を連想させます。

その後、平成9年に発刊されていた『日本及び日本人』という機関紙の中で、「千ヶ峰トライアングル」の存在と六芒星の中心地がどこか一見してわかるシンプルな図が掲載され、最初に私が見たのもそれでした。

そしてその時、ぼんやりと淡路島でこの六芒星の中心は、洲本より少し南の由良町だと思っていたことも想い出したのです。

また、標高99mの紫苑の山は、航空地図で見るとまさしくこの六芒星の中心点に当たると教えてくださった方もいました。

私は池田先生からご託宣《たくせん》と共に、わが故郷でもある由良町の霊的な意味を知らされた時、身が引き締まる思いがしました。

この「千ヶ峰トライアングル」が多くの人の目に触れることによって、これまで永く隠されてきた日本の秘められた聖地が、いよいよ開かれる時が来たのかもしれない……と。

新たな日本の国造りにとって、とりわけ重要な意味を持つ淡路島、そしてその霊的中心地となる洲本市由良町。

この時はまだ、天地之元宮を祀らせていただく場所は決まっていませんでした。

しかし、子供の頃から「ここには何かがある！」とずっと感じてきた心のモヤモヤがすっきりと晴れ渡り、自分の役目をしっかりと果たせるように、よくよく心を磨かなくては……と深く心に刻んだ次第です。

淡路は国の初めの元なり。淡路が示して、ことを興《おこ》せよ

淡路島が特別な場所であるという神様からのメッセージを伝えてくださっている方と言えば、一二三《ひふみ》朋子《ともこ》さんが知られています。

ひふみ先生は、東京大学文学部を卒業された文学博士で、合気道初段、ひふみ祝詞などの呼吸書法家の山本光輝先生のお弟子さんでもあり、現在は筑波大学大学院の准教授をされています。

ひふみ先生は、平成14（2002）年以来これまで頻繁に淡路島に来られていますが、

最初に淡路に来られた時に、神様から次のようなメッセージを受け取られたそうです。

淡路は国の初めの元なり。
淡路が示して、ことを興《おこ》せよ。小さき火にても広がりて、必ず世界を覆い尽くさん。
一人一人が火種となれよ。小さき灯火、光となれよ。
慌て急ぎて焦ることなく、地道な働き、行いゆけよ。
神の願いは叶えられん。人の行う努力のあらば、神の祈りは実現せんを。
神も信じて、見守らん。神は委《ゆだ》ねて、任せおかん。
さてに本日、そなたを通して、多くのことを教えたり。
深き意味ある問いなれば、御霊に深く修めゆけよ。
忘れず行い、働《はたら》けよ。淡路を想い、己のみ役を、ますます重く大切にせよ。
日本の未来は世界の未来。日本を支え、作り替え、明日の日本を築いてくれよ。
次なる日本を担うてゆける、真の種を蒔《ま》きてゆけ。
蒔きて育てて、実らせよ。土を耕し、肥《こ》やしてゆけよ。
少なくてもよし。慌てるなかれ。

――一つの種が大事なり。大事に育てて、広げてゆけよ。

さにて本日終わりなり。よくよく励み、働けよ。さにて。


私の思いも、まさにこのお言葉に尽きると、それ以来、個人的なバイブルのように大事に心に刻ませていただいています。

以前、ひふみ先生が講演をされる会に参加した時に、こんなことがありました。

講演を聴きにきていたある男性が、ひふみ先生に向かって、

「あなたはまだ若くて、大した経験もないのにこんな講演をしてもいいんですか？」というような批判をされていました。

講演を聞きに来られていた人たちは困惑した様子だったので、私は手をあげてその男性に向かってこう言いました。

「今、私たちが生きている時代は、本番に向けての時代やと思います。これまでは、出口直さんや中山みきさんが霊示を受けていろいろな言葉を残しておられます。ですが、大変申し訳ないですが、その方々は（時代が時代だったので）勉強ができなかったために、今の私たちがわかりづらい言葉もたくさんあります。

しかし、神様の啓示は、少しでも表現が違っていたら、違う受け取り方をされてしまいます。だから神様は、この本番の時に、東大出の文学博士であるひふみ先生を通して、一字一句狂いのない言葉で、しかも美しい言葉で降ろしてくださったんだと思います。

大本の出口直さん、王仁三郎さん、天理教の中山みきさんも先駆者として頑張っていただき、雛型《ひながた》造りをしてくださったんだと思いますが、これからはいよいよ本番の時です。

間違いがあってはいけないということで、一字一句間違いのない方に神様が降ろされた……。

あなたは、ひふみ先生を中傷されるようなことをおっしゃいましたが、ひふみ先生のご本を読まれましたか？」

男性は「まだ読んでいません」とのことでした。

私は「そしたら、会場で売っていますので、買って帰って必ずお読みください」と言いました。

そこで、パチパチと会場から大きな拍手がわき起こりました。

最後に、ひふみ先生が神様から受け取られたメッセージの一部をご紹介させていただきます（2011年2月29日「原発」より）。

人の霊性、進化の証を、今こそ人は試さるときなり。
心の底より悔い改めて、自然と共に生きる道、そを求めるが、急務ならむ。
払いし犠牲は、これから後の、真の目覚めのためなれば。
世界の民の　まとまる時なり。
奇跡は神の起こすにあらず。人の祈りが起こすもの。
今こそ祈れよ。浄化せよ。穢《けが》れを、罪を、過ちを。
清き言霊、祈りの力で、融和の絆を広げるべし。

第3章

各自が自分の
お役目をこなして、
みろくの世が
実現する！

オリジナルの長期保存食品（無添加、無菌パック）の開発で安藤百福《あんどうももふく》賞を受賞

紫苑の山を開くまでの神事について述べたので、ここで二足のわらじのもう一つのわらじについても触れておきたいと思います。

個人的な事柄なので本に書くには正直抵抗があったのですが、編集者の方から、神事だけでなく、仕事、事業というこの世における修業の場も大事ではないかとのご指摘を受けました。確かに、各自が自分のお役目を通して、精神世界と現実世界の両面に対してバランスよく向き合っていくことが、理想社会＝みろくの世につながるとも思えるからです。

私は生まれながら特殊な能力を授かった霊能者というわけではありません。

また、どちらかというと家庭に納まるタイプではなく、今ふり返ってみると、小さい頃から商売に向いていたようにも思います。

長兄の会社を引き継いだ話は前述したとおりですが、長兄がご飯のパックをつくろうと昭和54（1979）年に始めていた研究があり、3番目の兄がそれを引き継ぐ形で、平成

元年（1989）年に「味きっこう」を創業し、少し遅れて私も共同で経営に携わることにしました。

3番目の兄は技術担当で、装置の開発を行い、創業から約10年後の平成11（1999）年に、高温高圧調理法で長期保存食を製造する装置を完成させることができました。

これは国からの融資を受けてできたもので、普通はなかなかパスしない中小企業を対象とした創造的事業活動（通称創造法）に認定されたことによって、苦労の末にようやく日の目をみることができたのです。

創造的事業活動とは、創業や研究開発・事業化を通じて、新製品・新サービス等を生み出そうとする取り組みのことで、私たちが申し込んだ時は兵庫県初でしたが、ヒアリングでは、女性審査員を前に私はこのように訴えました。

「私たち食品を製造している者としては、消費者の胃袋を預かっている責任があるので、添加物だらけの食品を提供したくはありません。

添加物が出回りだした頃から、アトピーなどのアレルギーが増えています。

だから、これからは、無添加、無菌パックの機械をつくりあげて、ぜひ広めていきたいので、よろしくお願いします」と。

この弊社のオリジナル装置は、ヤシの実などから抽出した油（グリセロール）水溶液を活用して、連続加熱調理殺菌ができる装置です。

この装置を使うことで、生の食材を無菌パックし、高温・高圧・短時間で調理ができます。しかも栄養価の壊れない特殊調理加工法なのでおいしさそのままに長期保存が可能です。

一見するとレトルト食品と同じように見えますが、それとはまったく製法が異なります。レトルトごはんのほとんどが、原料であるお米の殺菌を完璧に行うことで保存効率を高めています。さらに、それらは調理と無菌室でのパックの2段階を踏むのに対し、弊社の技術では原料を先にパックして、高温調理中に滅菌します。ですから、原料が空気に触れる時間が短く、食材に負担がかからないのです。

また、保存料、着色料、化学調味料も無添加で、熱も水も加えず、ご飯やピラフ等の加工米飯の他、惣菜、麺類、スープ類にも利用できることから、これまでに、「玄米ごはん」「ひじきごはん」「炒り大豆古代米ごはん」「玄米ピラフ」「玄米がゆ　五穀」「たこめし」「かんてん」等々、約30種類を開発しました。

原料には、国産の玄米、黒米、赤米、小豆、大豆、淡路島産の藻塩などを使用していま

味きっこうの工場

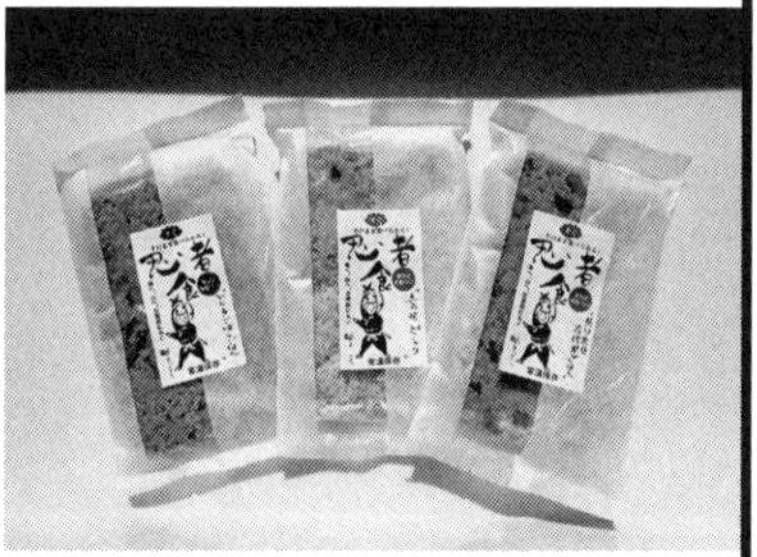

長期保存可能な忍者飯

ひと

保存食を開発・製造する食品加工会社を経営

魚《うお》谷《たに》佳《か》代《よ》さん（66）

携行できることから「忍者食」と名付けたシリーズは「温めなくてもそのまま食べられる」のが特徴。玄米ピラフ、ひじきごぼうごはんなど地元の農水産品を原料に味や栄養もあり、添加物なしが自慢です。製造するのは兄、勇次さん（70）と開発した連続加熱調理殺菌装置です。生食材の調理と殺菌を同時に行う独自の装置で特許も取得しました。

「それぞれが地元の食材で、地産地消の『ご当地災害食』を作って備えたら、いざというときも安心では」と夢を語ります。

開発・製造の原点は1995年の阪神・淡路大震災です。炎に包まれる神戸の街をテレビで見て、会社がある洲本市（淡路島）からフェリーで上陸しました。自社工場で製造していたうどん、だしパックを携え、焼けた街で温かいうどんをふるまいました。喜んでくれた被災者の姿が忘れられないと言います。

「災害が起きたら、水、電気、ガス、ライフラインはすぐゼロになる。助かった命だから、生き抜かなあかん」

東日本大震災でも福島へ1万食分を送りました。

「非常食を日頃食べながら備蓄する」ローリングストック方式を提唱します。「日本も災害多発国になりました。被災したとき、普段食べ慣れているものを食べると心の安定につながります」

地元では食育グループで活動も。「忙しいと言うと『心が滅ぶ』。何事も楽しみながらやらなきゃね」

文・写真　君塚　陽子

「赤旗」2014年1月7日号より

す。電子レンジまたは湯せんで温めてもよいですが、そのままでも食べられるので、災害時の非常食（賞味期限は1年間）にもなります。

この弊社のオリジナル食品は、「包装米飯」と言い、おかげさまで、平成24（2012）年3月に安藤百福賞をいただくことができました。

安藤百福さんは、日清食品の創業者で、チキンラーメンやカップヌードルを世に送り出したことで有名です。その安藤百福さんの「食とスポーツは健康を支える両輪である」との理念のもとに、青少年の健全育成と食文化向上のための事業を行っている財団法人安藤スポーツ・食文化振興財団から、新しい食品開発に貢献した人を表彰する「発明発見奨励賞」をいただくことができたのです。

長年苦労して開発した技術が世に認められたことはとても嬉しく、兄弟家族共々大喜びしました。これを励みとして、安心、安全な加工技術として世界標準にしようと誓い合いました。

今、注目されている「忍者食」

この「忍者飯（食）」というのは、包装米飯シリーズの中でも、開封してすぐそのまま食べられるタイプのもので、水も電気も不要なので、非常時の保存食にも適しています。「忍者食」と名づけた理由は、鍋や釜を持って行動できない忍者のように、いつでも簡単に食べられて、しかも栄養価の高い食品だからです。

これは、すべてのライフラインが止まることが想定される災害非常食として非常時はもちろん、日頃から、海や山への携帯食などとしても幅広く活用していただければとの思いを込めて製造しています。

文科省の資料によると、度重なる大きな地震の経験から、「ライフラインが途絶えた状態でもおいしく食べられる食事」の必要性が求められている一方で、現実には、「賞味期限の長さや備蓄の便利さだけが重視され、被災者が同じものを食べ続ける苦痛等が考慮されていない」との指摘があります。

そして、有事の際に用意しておきたい食品として、調理いらずで単独で食べられ、健康状態が悪化していても飲み込みやすく、飲料がなくても食べられるおかゆや、温めなくてもおいしく食べられるものが挙げられていました。

このような条件を満たすものが意外に少ないことから、「忍者食」が注目されたというわけです。

実は、弊社が「忍者食」を開発するまでの間に、平成22年と23（2011）年に、2人の方々から立て続けに「ぜひ忍者食をつくってください」との依頼を受けていました。ですが、その当時は、残念ながらまだ商品開発には至っていなかったのです。

何とか早くみなさんのご要望にお応えしたい……そんな思いが徐々に高まっていた頃、予想だにしなかった出来事が起きました。あの、東日本大震災です。

ああ、今度こそ「忍者食」を開発して、いざという時にもすぐに食べられて、元気を取り戻せるような食品を提供しようと決意した次第です。

病気で激減した血小板の数が正常になった

ここで一つだけ、私自身が体験したエピソードをご紹介しておきます。

数年前、こんなことがありました。

ある日、高熱が続き、食欲もないので風邪かなと思っていたら、赤い斑点が身体中に現れたので病院へ行ったところ、すぐに大きな救急病院に移されました。

血小板の数が通常は18万なければならないところ、6万を切っているという危ない状態で、あまり前例のない症状らしく、大きな病院でもインターネットで調べながら治療されるありさまです。

どうやら山で変わった虫に刺されたのが原因だったようで、入院を強いられました。

通常は、しばらく治療を続け、静養しなくてはいけない状態だったのですが、私は普段からわが社の「玄米ごはんパック」や「忍者食」の玄米を食べているので、病院の食事がどうしても身体に合わず、頼み込んで7日で退院させてもらいました。

その後も「玄米ごはんパック」に納豆、とろろいも、卵かけごはん、時にはその上におさ刺身をのせて食べ続けたところ、むくむくと元気がわいてきて、次の検査では6万だった血小板の数値が23万近くまで増えていたのです。

「こんなすばらしい数値はみたことがない」と医師に驚かれ、その後、いろいろな不調がみごとに消えてしまいました。

短期間に血小板の数値が戻って、健康を取り戻すことができたのは「玄米ごはんパック」のおかげだと思います。それを私自身が身体を使って実感させられた体験でした。

ところで、その時、不思議なことがありました。

入院中、意識がもうろうとしていた状態で、病院の壁にある映像が見えたのです。

それは、とても楽しい様子で暮らしている人々の姿で、質素ながら、みんなで土をいじって仲良く生活していました。私には、それが未来の私たちの姿に思えたのです。

しかし、いろいろな方々が警告を発しているように、やはりこの先、私たちは自然災害や気候の変化など大きな混乱を避けては通れないようにも思えます。

たぶん、私たちにとっては自然災害であっても、地球自身にとっては、元の状態に戻ろうとするバランス調整の働きなのかもしれません。

非常食を必要としない状態が理想ですが、越えなければならない試練があるのなら、多くの人がそれを元気に乗り越えられますよう、お役に立てばと祈るばかりです。

実は、この体験には裏話があります。

知人から入院する前どこへ行ってたのかと聞かれ「洲本の先山の岩戸神社へ行ってたんやけど」と答えました。「あぁ、そこでもろうてきたんやね」とその女性に言われましたが、納得がゆかずにいました。そしてその後、ある神社の映像を見たのです。

私がその時に見た神社は、今は廃跡となっているのですが、入院中に見た映像では、もともとの海につながった神社の光景が見えました。

後で考えると洲本市安乎《あいが》にある岩戸神社の昔の風景を見せられたようです。どうやら岩戸神社にヒントがあったらしく同じ岩戸神社でも安乎の岩戸神社とつながりました。

「あぁ、安乎の岩戸神社のご祭神である少名彦の命様が私を助けてくださった」という実感がわいてきて、それからすぐに血漿板の数が少しずつ増え始めました。

そんな不思議な体験をさせてもらったので、入院中はまったく辛くはなく、むしろ楽しかったくらいです。

無から有を生じる体験をさせてもらった10年間

兄と一緒に包装米飯を開発し、軌道に乗せるまでの10年ほどは仕事ばかりの日が続いて、まさに「無から有を生じる」勉強をさせてもらったような気がします。

私にとって今の仕事は、神事《かみごと》と同様、とても大事なこの世の修行だと思っています。

自分の仕事に誇りを持って、細々ながらもしっかり事業を継続していくことが、自分自身の御魂磨きでもあり、仕事を通して少なからず人様のお役に立つことでもあるからです。

阪神・淡路大震災の時は、わが家も半壊状態になりました。

それでも、被災地で家が燃え上がる様子や街並みをテレビで目にして、「これはえらいこっちゃ」と思い、すぐに家業の商品のうどんを持って神戸にかけつけました。

震災当日、断水が解除されるのを待って、貯水タンクをたくさん買って水を入れ、プロパンガスと一緒に2000食分のうどん麵を2トントラックに積み込みました。

当日は交通が麻痺して高速艇のフェリーも止まっていたので、翌日に被災地まで届けました。

翌日も国道は封鎖されたままだったので、旧道を抜け、やっとフェリー乗り場近くまで来たら、自衛隊と消防車だけでそれ以上進めずに立ち往生。そこで、横のトラックの運転手さんが「警察に電話をかけてみたら」と言ってくれたので、電話をして「由良の魚谷といいますが」と名乗りました。

するとどういうわけか、「うどんやさんですか?」とすぐに反応してくれて、「緊急物資として何とか被災地の人たちに届けたいんですけど」と告げたところ、すぐにフェリーの乗り場まで通してもらって、次の便で神戸に向かうことができたのです。

西宮のフェリー乗場から国道へ向かう途中が大変でした。道路が陥没している場所では、車の前輪にあわせて石を置き走行しました。上部阪神高速ではテレビで見たとおりに、バスが高速道路で分断され浮いているような光景が見えました。三宮辺りではビルが何棟も崩壊しており、倒れかかった電信柱を除《よ》けながら、須磨へとこわごわ車を走らせました。

誰に頼まれたわけでもなく、ただ自分がいたたまれなくなって押しかけたにもかかわらず、被災した須磨の人たちは、「昨日から何も食べてなかったので、あったかいうどんが何よりありがたい」と手を合わせてすごく喜んでくれました。

その姿を見て、私も胸の内から込み上げてくるものを抑えきれませんでした。ヘリコプター、救急車、消防車と一日中騒音がけたたましく、夜は2トン車で寝たのですが、余震がひどくて眠るどころではありませんでした。

翌日も皆様にあったかいうどんを食べていただき、2000食分がみるみるなくなり、3日目に明石経由で淡路島まで帰って来ました。途中、道端には毛布にくるまった死体がいっぱいで、まるで地獄絵図を見るようでした。

3・11の被災者のために1万人の「忍者食」を用意

それから16年後、再びあの悲惨な3・11（東日本大震災）が起きました。

震災があった当日、イスラエルの遺跡や沼島などを案内したことのある福島の知人が気になって電話をしたものの、その日は通じませんでした。3日後の夜に先方から電話がかかってきて、「1万食送ってほしい」と言われ、「支払いは後で、原価だけでいいから」と答えました。こういう時こそ「忍者食」と思い至急製造をして3回に分けてお送りしたのです。

私もすぐにかけつけたい気持ちだったのですが、「危ないから来なくても大丈夫ですよ」と言われ、しばらく経ってから被災地に向かいました。知人と一緒に石巻市に出かけていって、炊き出しをして、皆さんにお配りしてきました。

すると、「忍者食」を食べてくださった被災した女性から、「お宅の商品の箱を見ただけで泣けてくる」とお礼を言ってくださり、こちらも目頭が熱くなりました。

みなさん、きちんと整列をして炊き出しを受け取っていた姿がとても日本人らしく、美しさを感じました。

自衛隊の方にも、「いかがですか?」とお勧めしたら、「いえ、私たちは職務なのでそれはいただけません」と、その律儀な態度にも感心させられました。

その日、空を見上げると空いっぱいに日輪のにじの輪が2つ現れ、感激で涙が止まりませんでした。


また、この本の原稿を練っているさなか、平成25(2013)年10月23日〜25日の3日間、東京のビッグサイトにおいて開催されたアグリビジネス創出フェア2013(「食の機能性、流通、食品加工、品質保持等に関する技術シーズ」)の展示会に幸運にも参加可能となり、出展させていただくことができました。

独自の加工技術による無添加・無菌包装食品の開発と6次産業創出というテーマでプレゼンテーションをしたところ、弊社の取り組みが公益性が高いと評価していただいたのです。

このフェアの主催は、農林水産省であり、林芳正大臣も来られました。交流会でご挨拶し、一緒に写真撮影もしていただきました。

農林水産省の関係の方々をはじめ、レトルト食品の専門書を出されている先生のほか、東京方面のカタカムナの研究会の方々などがかけつけてくれて、大変好評でした。

弊社のシステムを利用して農産物、水産物、畜産物を原料とした多種・多様な長期保存の無添加・無菌包装食品が開発できることから、『日本食品機械研究会誌』に投稿した本システムの論文が、国際稲研究所（ＩＲＲＩ）の世界の稲研究のデータベースにも採録されました。

こうしたことも、神様のおはからいだろうと、本当に感謝に堪えません。

33 地域 2014年(平成26年)2月11日(火曜日) 讀賣新聞

淡路

洲本支局
〒656-0024
洲本市山手3-1-16
ガイアビル
☎0799-22-0960
FAX 22-0961
ホームページ
http://www.yomiuri.co.jp/e-japan/hyogo/
神戸総局
☎078-333-5115
FAX 333-5120
阪神支局
☎0798-67-2155
FAX 67-2156
三田支局
☎079-564-6613
FAX 564-6616
姫路支局
☎079-222-2431
FAX 281-9010
豊岡支局
☎0796-22-6201
FAX 22-6202
通信部
明石 078-917-0410
三木 0794-82-0040

郷土の味 災害食に

注目 たこ・あなご飯パック

洲本の食品会社

洲本市由良町内田の食品加工会社「味きっこう」（魚谷佳代社長）が生産する「たこめし」「あなごめし」など淡路島産の食材を使ったパック詰めのごはんが、〈ご当地災害食〉として注目を集めている。昨年12月に東京で開かれた「日本災害食学会」で発表し、全国から問い合わせが相次いでいる。魚谷社長は「災害時にも、食べ慣れた味の安全な食を提供したい」と話している。（井ノ口麻子）

「非常時こそふだんの食事を」と話す魚谷さん（洲本市で）

同社は約20年前、121度に加熱して殺菌と調理を同時に行い、1食分ずつパックする装置を実用化。特許も取得した。パックは約1年間保存が可能で、阪神大震災や東日本大震災の被災地にも救援物資として送った。

現在は、玄米ごはんや白がゆのほか、タコやアナゴ、などのおこわやしらす入りのかゆ、そばめし、カレー、すじこんなど地元の食材を使うものも含めて、33種類を展開。再加熱せずに食べられる「忍者食」シリーズは海、山のレジャーなどに携行できると人気という。

災害食学会では魚谷社長が発表。添加物を使わず、安全、安心な食であることや、地域の農水産業と結びついた展開の可能性があることなどを話し、時々食べて、その分を足していく〈ローリング・ストック〉方式の備蓄を提案したという。

同社ではすでに、茶がゆ（奈良県）やオリーブおこわ（香川県・小豆島）などを受託生産。同学会後は東京や札幌、静岡などから、問い合わせや資料請求が十数件あるという。

魚谷社長は「非常時こそ、いつもと同じ食事が安心と元気につながるはず。食は人も地域も作ると信じている」と話している。

読売新聞2014年２月11日

東京ビッグサイトにてアグリビジネス創出フェアに出展し農林水産大臣（写真中央）と

第4章

淡路・四国に残る古代ユダヤ人の足跡——旧約聖書の風習が今も伝わっている！

淡路島に築かれていた古代イスラエルの遺跡

淡路の淡（アワ）は、「外に開いて和合する渦」「泡」を表していることから、渦から生まれ出ることであり、路（ヂ）は「地」なので、「誕生の地」と解釈できます。

また、昔は「淡道」島と表記されていたそうです。伊弉諾《いざなぎ》神宮の本名宮司《ほんみょうぐうじ》様から教えていただいた話によると、淡は、言霊的には炎（カ）と水（ミ）から成ることから、淡路《あわぢ》は「カミ（の）ミチ」という意味にも解釈できます。

さらに、淡路には、国造り神話において伊弉諾《いざなぎ》・伊弉冉《いざなみ》の二神が最初に生んだ淡路島の次にできた「阿波《あわ》（現在の徳島県）へ続く道」という意味も含まれており、阿波は泡＝渦に通じ、鳴門の渦ともつながります。

それに加えて、洲本の音霊《おとだま》は、ス・モトで、スとは「宇宙万物が発生すること」であることから、発生の源、つまり、根源や創造という意味を持ちます。

こうしたことからも、淡路島の洲本は、伊弉諾・伊弉冉の二神との密接な関わりを意図してつけられた地名です。やはりそこには、失われたイスラエル10部族、古代ユダヤ人にとっての新天地ならばこその祈りが込められているのではないでしょうか。

ここからは、そのような淡路島に秘められた古代ユダヤの謎について述べてみたいと思います。

淡路島の洲本市古茂江《こもえ》（菰江）で、古代イスラエルの遺跡が発見されたのは、昭和3（1928）年頃のことでした。

ところが、遺跡のあった土地の所有者であった四州園ホテルのオーナーが、遺跡を発見した翌日に急死してしまったことから、祟《たた》りではないかと恐れられてすぐに埋め直され、人知れず長い間そのままになっていました。

そして終戦を迎えた数年後、その遺跡の歴史的意義に着目し、昭和27（1952）年に発掘調査に乗り出したのが、大本の開祖である出口王仁三郎さんとご縁のあった白山義高さん（淡路古文化開放協会会長）と白山さんの義父に当たる武智時三郎さんでした。

武智さんは大本の信者で、『日月神示』で知られる岡本天明さんの師匠に当たる方でした。片や、白山さんは大本の信者ではなく、白山王朝（天皇家に滅ぼされたとされる縄文系の王朝）の末裔に当たる方だったようです。

遺跡は、それまでに、淡路島で最も標高の高い諭鶴羽《ゆづるは》山を基点として、海岸線に沿って反時計回りで22箇所あると伝えられていたこともあって、古茂江遺跡の調査には多くの専門家が注目し、地元でも大きな話題になりました。

当時の『神戸新聞』（昭和27年10月13日）には、「淡路島の右下側に22箇所のイスラエルの物と思われる古代遺跡が発見された」と題する次のような記事が掲載されました。

現在同島で調査している伊勢古事記研究会長武智時三郎氏の話によると、イスラエル人が日本に来たことは間違いなく、とくに、（1）地質学上からみて、日本では、淡路が一番古い土地といわれる、（2）淡路の先住民族は、アイヌといわれるが、アイヌ人は言語的にもイスラエル人に通ずる（3）現場の古茂江（コモエ）という小地名は、ヘブル語では、「秘の上のこも」という意味で、石棺の存在と符合する、などをあげている。

発見者の白山氏は、「今から、3千年前以前にダビデの縁者とみられる者が、ある意図をもって、ここに構造物を置いて行ったのではないか」という推理を導き出しており、今度の発掘によってこれを実証づけることになった。しかし学会では、これに対し、（1）この推理を否定する材料は今のところ何もないが、時代考証は伝承によ

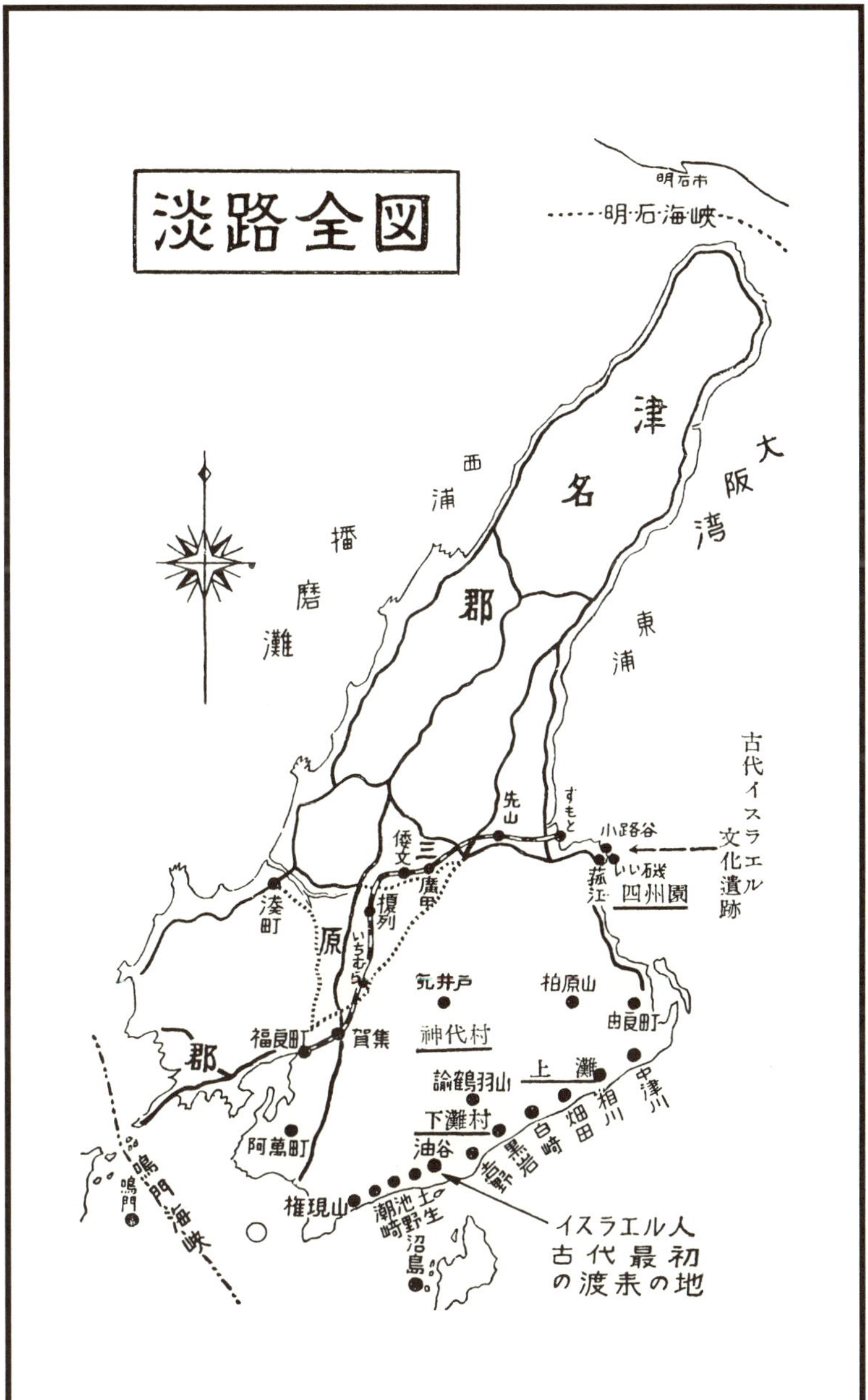

『淡路の神秘　エル、エロヘ、イスラエル』より

っているので、学問的実証はならない。（2）イスラエル人またはユダヤ人が日本に渡来したということになると、大和民族論を覆すばかりか、国体や皇室にも影響がある、という二点を理由として、積極的な動きは、これまであまり見せていないが、この発見についての興味と、学問的な認識はもっている、といわれる。

（略）

なお現在イスラエル共和国に照会中の同国内の碑文（古代文学）の解読文を入手すれば、この発見は実に裏づけの要素を深めることになるであろうと白山氏は語っている。

ユダヤ教大司教も驚いた古代ユダヤ遺跡
――ホト（女陰）を象徴する石室

調査の結果、遺跡は、地下1メートル四方にわたってV字型に石が置かれ、天井には石蓋が被せられていました。蓋にはユダヤの紋章をあしらった彫刻（本書カバーのエフライム紋章⌧）が彫られていて、石室の中には、自然の岩盤の裂け目を利用し、火を使って彫像された「女陰石」があり、6~9センチほどの石や青玉石が置かれていました。

ローゼン師の言葉からもわかるように、この遺跡の発掘によって古代ユダヤと日本の密接な関係が露わになったわけですが、遺跡の中で最も象徴的だったのが、火で焼かれた女性器を模した女陰石です。

石室は海へと続いていたことから、石室そのものが大地の子宮をイメージさせます。

これは、言霊的に見ると、火（カ）と水（ミ）による生命の発生原理、つまり、創造性の象徴であり、イザナミが火の神・カグツチを産む際にホト（女陰）を灼《や》かれて死んでしまった……という国生み神話そのものです。

そしてまた、古代ユダヤ人たちにとっては、『旧約聖書』の「産めよ、増えよ」という子孫繁栄を祈念したものとも解釈できます。

『旧約聖書』によると、「産めよ、増えよ」という神の祝福を示す言葉は、天地創造の最初、神が人間を創造した時と、ノアの方舟で知られる洪水物語のフィナーレの部分で述べられたと記されています。


――神はノアと彼の息子たちを祝福して言われた。

「産めよ、増えよ、地に満ちよ。地のすべての獣と空のすべての鳥は、地を這うすべてのものと海のすべての魚と共に、あなたたちの前に恐れおののき、あなたたちの手にゆだねられる。（略）あなたたちは産めよ、増えよ、地に群がり、地に増えよ。」

神はノアと彼の息子たちに言われた。

「わたしは、あなたたちと、そして後に続く子孫と、契約を立てる。あなたたちと共にいるすべての生き物、またあなたたちと共にいる鳥や家畜や地のすべての獣など、箱舟から出たすべてのもののみならず、地のすべての獣と契約を立てる。わたしがあなたたちと契約を立てたならば、二度と洪水によって肉なるものがことごとく滅ぼされることはなく、洪水が起こって地を滅ぼすことも決してない。」

（創世記9章1〜7節）

つまり、人間が神の期待に背いたために、人間を創造したことを神が後悔して洪水を起こし、その後、ノアとその家族に対して、天地創造の時と同じ祝福の命令を出されたこと

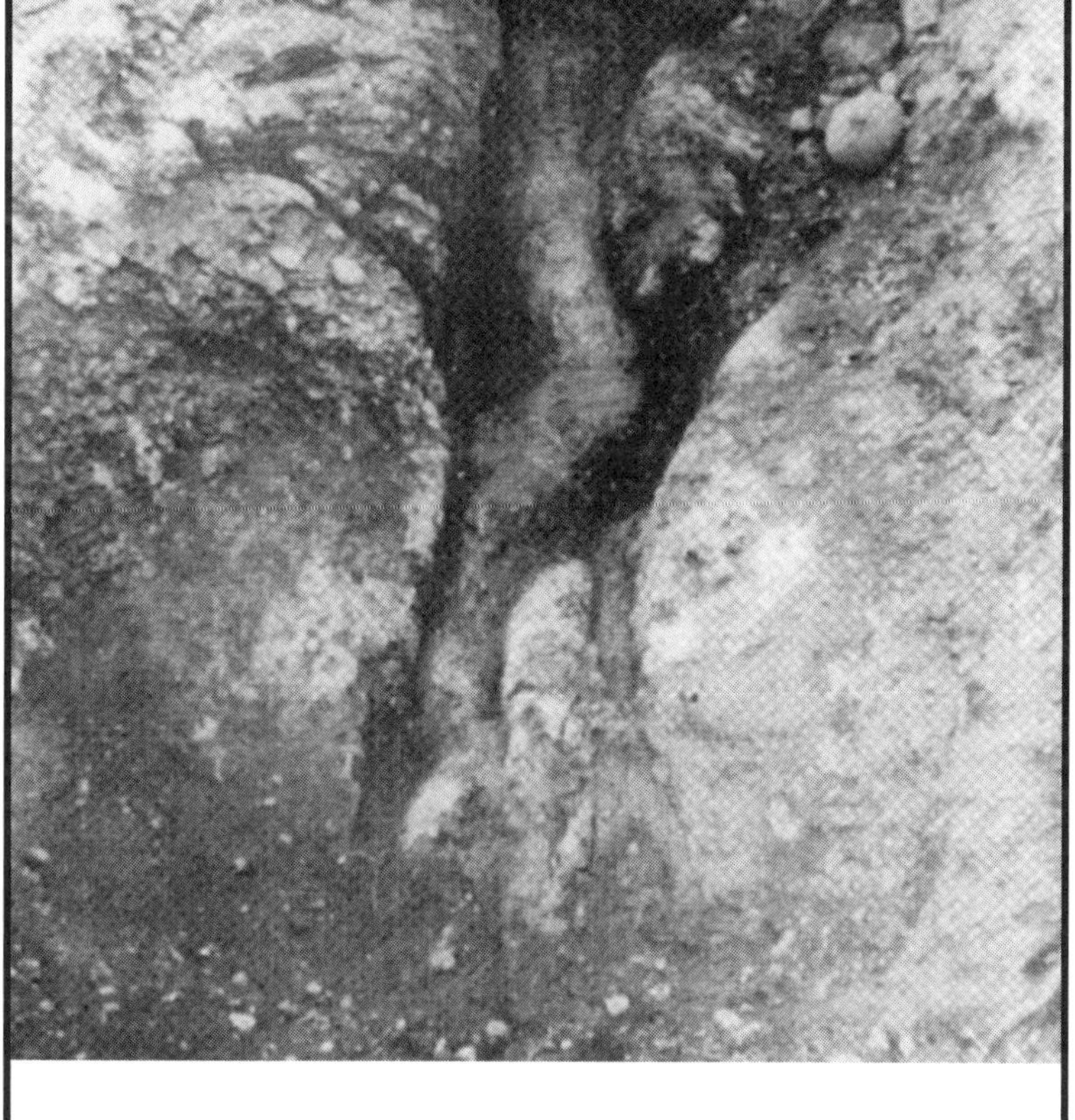

秘蔵されていた女根の彫像。『淡路の神秘　エル、エロへ、イスラエル』より

式典参会の記念写真

鍬入式　白山会長の先導にて鍬入れするローゼン師

写真キャプションとも『淡路の神秘　エル、エロヘ、イスラエル』より

によって、新しい創造が始まったのです。

ということは、この時、淡路島に辿り着いた古代ユダヤ人は、日本の神話の中に、ノアの箱舟から2700年後の新たな国生み・国造りの物語として、自分たちの先祖から子孫へと続く、永遠の祈りを重ね合わせたのではないでしょうか。

この時の遺跡発掘の際には、ユダヤ教大司教のM・J・ローゼン師や日本イスラエル協会会長小林幸一氏などが立会い人として遺跡を見学しています。

その日の夜、ローゼン師は近くの小学校で講演を行い、熱心に聞き入っていた聴衆は拍手万雷、絶賛したそうで、その際、ローゼン師は次のように語ったと伝えられています。

今や太陽はイスラエルの上に、昇り始めました。預言者の言うとおり祖国は再建されました。今、日本も戦争に負け、古い日本帝国は亡び、新しい日本皇国が再建されました。日本人は古い歴史と文明を持った国民です。私は日本は絶対にユダヤ人を迫害しなかったことを知っています。

（略）

この新しい日本と、新しいイスラエルとが、相提携すれば、いかに強力なものになるでしょう。

世界に平和と幸福をもたらすものは、この二つの国旗であります。ごらんなさい。太陽と星とであります。太陽は昼の世界を照らします。この星は夜を司る司令者なのです。全世界がなやみの時は、この暗黒の世界を導いていくものは星であります。太陽も世界に正義の観念を与えます。

この二つがお互いに手を組んで進んで行こうではありませんか。偉大なる太陽の国シオンよ、目を醒ませ。その努力と貢献は必ずや世界に平和と幸福をもたらすでありましょう。

古代ユダヤ人の足跡を今に伝える淡路島の風習
――由良「ねり子まつり」＝ユダヤ「過越しの祭り」

偉大なる太陽の国シオンよ、目を醒ませ。

その努力と貢献は必ずや世界に平和と幸福をもたらすでありましょう。

この言葉には、祖先を同じくする二つの民族の魂に強く訴えかける、永い歴史の中で密かに引き継がれてきたユダヤの人々の熱い思いが秘められているように感じるのは、決して私だけではないと思います。

この遺跡調査にローゼン師が立ち会ったことによって、これらが3000年近くも前のユダヤ人の手によるものであることが確認できたことは、とても大きな歴史的事件であります。

女陰石が発掘された古茂江（菰江）という地名の語源は、ヘブライ語で「聖なる秘部を覆う菰」であることは前に述べましたが、他にも淡路島には油谷《ゆだに》という地域があり、そこには古代ユダヤ人たちが住んでいたという言い伝えがあります。

イスラエル10部族が日本に最初にやってきた葦船の大船団は、風まかせ、波まかせの船であるがゆえに、途中一部が日本海側に向かったであろうと思われますが、その足跡として、山口県側に「油谷湾」があります。

また、京都の丹後半島辺りに到着したことを示す、「由良川」や「丹後由良」などの地名があり、そして、多くの葦船は、淡路島、沼島辺りに到着したものと推察されます。

水仙の花は、イスラエルから持ってきたともいわれており、淡路島には灘地方に「黒岩水仙郷」があり、また日本海側にも「越前水仙郷」があります。

今は亡き舞鶴の歴史研究者のN氏が書き残した冊子『淡路島綺談』を見ると、遠い昔には丹後と淡路島は交流が深かったようです。

その冊子によると、丹後の空山と淡路島の諭鶴羽《ゆづるは》山は、共に海からの景観と形が同じで、それぞれの住居区からは「聖山をまともに拝んでシオンの山と喜んでいたに違いない」とも書かれています。

諭鶴羽山神社では、神輿《みこし》を山頂まで担いで上げる風習が残っていることなどからも、「失われたアーク」は、最初は諭鶴羽山に置かれていたのではないかとの説が有力だと思います。

遺跡の調査を行った武智時三郎さんは、日本には古代ユダヤ人の遺跡とされるものがいくつかあるが、油谷こそ日本最初の伝来地であると述べています。

また、ユダヤ文化を思わせる由良の風習の一つが、古くは毎年2月15日、今では毎年2月11日に開催されている由良湊《ゆらみなと》神社の春祭り、通称「ねり子まつり」です。

この祭りは、数え年三歳を迎えた子ども（ねり子）の氏子を、数人の大人が担いだり横抱きにしたりして、神社からお旅所まで次々とリレーするもので、由良港神社から摂社で

淡路島に今も伝わる古代ユダヤと共通する文化

由良湊神社のねり子まつりは、ユダヤの風習「過越しの祭り」と似ている

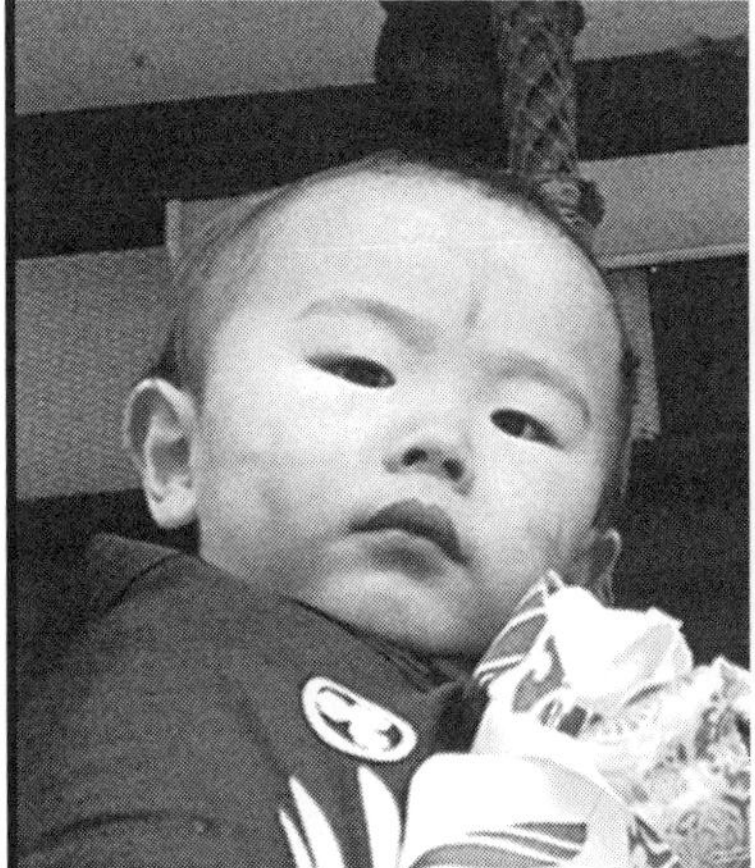

ねり子まつりでは、氏子の額と頬に赤い十字が書かれる

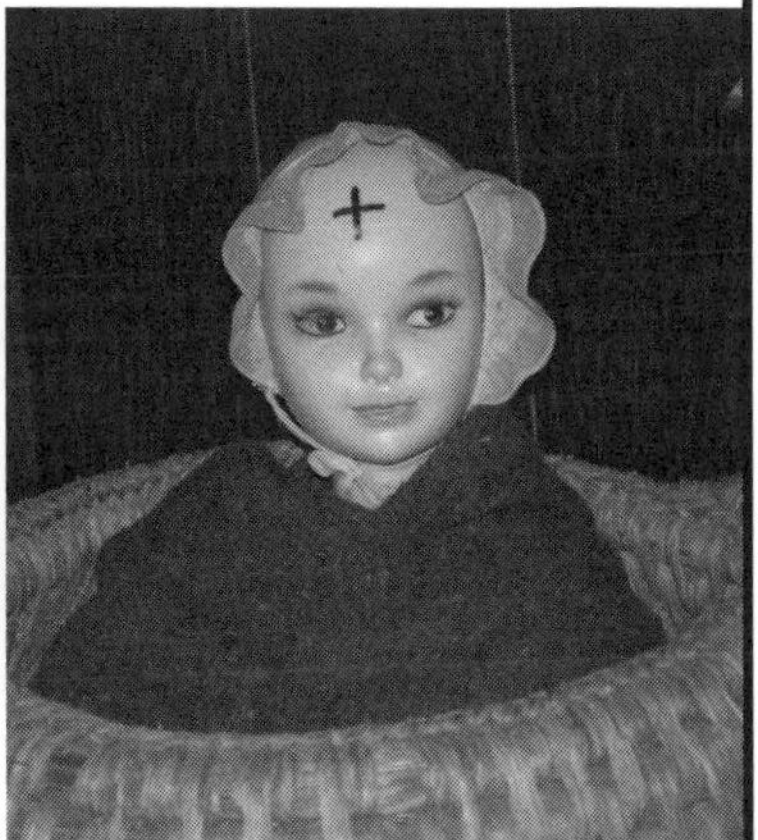

キリスト渡来伝説がある青森県新郷村にも赤子の額に十字を書く風習があった（キリストの里伝承館）

ある若宮神社までの700mの間を神輿を先頭にして練り歩き、若宮では鈴でお祓いを受けます。

この時、氏子の額と頬には赤い十字が書かれ、親子共々正装で臨むのですが、春先に神輿を担いで街中をねり歩くのはユダヤの「過越しの祭り」と同じです。

赤い十字は、旧約聖書の時代、ユダヤ人が羊などをいけにえとして、その血を祭壇に注ぐことで神からの罪の赦しを得ていたことと関連しているのかもしれません。

いずれにしても、古代ユダヤ人たちは、洲本市由良を中心として数多くの遺跡や文化を残したのは確かだと思います。

こうした遺跡や文化は、おそらく、イスラエル王朝が滅亡する際、葦舟の大船団で日本を目指す途中に台風や荒波で襲われ息絶えた多くの仲間たちの霊を鎮めると同時に、新天地における子孫繁栄を祈願したものではないでしょうか。

また、遺跡とは別に、彼らは小さな山の頂上に磐座《いわくら》を祀り、そこを最初の祭祀場としたようです。それが現在の紫苑の山がある場所です。

この山は、旧約の時代にソロモン王が神殿を建てたエルサレムの「シオン山（丘）」を心の中に深く刻みつける場所でもあったのかもしれません。

宇宙創造神に対する誠の祈り、そして艱難辛苦《かんなんしんく》を乗り越えてはるばる日本に辿り着いたご先祖様に対して思いをはせ、新たな国造りを行うための神殿として……。

後に、このお山の名前を「紫苑の山」としたのは、このようないきさつからです。

四国剣山に伝わるアーク伝説

古代イスラエル10部族、ユダヤ人の足跡は、淡路島だけでなく、四国にも残されています。

『古事記』の国造り神話によると、淡路島の後に四国がつくられたとされており、お隣の阿波（徳島県）には、日本に辿り着いた古代ユダヤ人たちの足跡がたくさん残っています。

元イスラエル駐日大使のエリ・コーヘンさんも、「失われたアーク」を調査するなかで、徳島県にはイスラエルの祭祀場と同じ場所があるなど、実に四国は謎多き島だと述べています。

コーヘンさんは、数々の体験を通して、日本人とユダヤ人の共通点と絆を見出し、著書『驚くほど似ている日本人とユダヤ人』（中経文庫）の中で次のように述べています。

日本民族の特徴は、もちろん民族の古い歴史や神話とのつながりをもつ文化や伝統と関連している。さらにいうならば、それは初代天皇である神武天皇まで遡るのである。なぜなら神武天皇の東征、そして建国により各地の部族が一つに結びつけられて統一国家が成立した。初代天皇とその歩みは、今日まで日本人を一つに結びつけているのである。

(略)

日本人とユダヤ人……二つの民族は、それぞれの部族としての特徴を守った。その結果、日本人とユダヤ人には、さまざまな異なった分野で共通点が見られるのだ。

それはたとえば愛国心、集団への責任感、特異性を守るゆえに孤立気味になる点など、民族の行動の根本的な部分である。また、言葉の概念、たとえばゴイとガイジンという、わたしたちの枠には属していない人、という意味も響きも似た言葉まである。この数千年の間に、日本人とユダヤ人はそれぞれの民族の最も特徴的な部分が似通っていたのだ。

「失われたアーク」とは、モーゼがシナイ山で神から授けられたという「十戒の石板」の他に、「アロンの杖」「マナの壺」という、古代ユダヤ人にとっての三種の神器が納められた契約の櫃です。

ユダヤ人は、このアークとソロモン王の財宝の行方を巡って世界中を調査していて、それが映画のテーマにもなるなど今でも世界各地で話題の的になっています。そのアークが四国の剣山に眠っているという説は、皆さんもお聞きになられたことがあると思います。

失われたアークが徳島県の剣山にあるという説を最初に唱えたのは、神奈川県の尋常高等学校の校長を務められた故・高根正教《たかねまさのり》さんです。

高根さんは、聖書研究家であり、言霊《ことだま》に精通していたことから、言霊を使って旧約聖書を解き、剣山にアークが眠っているという結論に達したそうです。

高根さんが注目したのは、山頂付近にある「宝蔵石」「鶴岩」「亀岩」で、宝蔵石には安徳天皇の神剣が封じ秘され、剣山の秘宝を守ったとし、鶴石と亀石は、「夜明けの晩に鶴と亀がすべった」という歌詞が出てくる童謡「カゴメの歌」にそのヒントが隠されているとして、その謎解きを試みました。

カゴメを漢字で書くと籠目。籠《かご》目紋はソロモン王のシンボルマークである六芒星と同じなので、この歌に出てくる「籠《かご》の鳥」はソロモンの秘宝を意味するというのです。

高根さんは、お仲間と共に剣山山頂の発掘調査を行い、数年間かけて亀岩の下を約150mも掘り進みました。

残念ながらアークは見つからなかったものの、巨大な球体型をした「太陽岩」や大理石でできたアーチ門、高さ15mほどのピラミッド型の空間などが発見されました。

しかしその後、日本は太平洋戦争に突入したことから、昭和18（1943）年に発掘を中断。敗戦直後に再び発掘にとりかかったものの、資金不足で断念せざるを得なくなりました。

そして、戦後になって、元海軍大将・山本英輔《えいすけ》という人が追跡調査をしています。

そこで、レンガ作りの回廊の奥にあった100体以上のミイラが発見されたものの、結局、資金繰りなどの問題で調査は再び中断したそうです。

結果的に、それまでの調査では、ソロモン王の財宝やアークは見つかっていないものの、剣山の山頂付近には、遺跡のような地下施設があることは判明しており、高根さんは、『四国剣山千古の謎―世界平和の鍵ここにあり』を出版後、失意のまま亡くなりました。

その後、ご子息の高根三教さんが研究を引き継ぎ、ソロモン王の財宝とアークが剣山に埋蔵されている根拠について、『ソロモンの秘宝』（大陸書房）、『アレキサンダー大王は日本に来た』（システムレイアウト）などの著書にまとめておられます。

ところで、失われたアークがどこにあるのか、その場所については、四国・剣山の他に、北海道説や京都説もあるようです。前述したように、イスラエル10部族がアークを持って海を渡り最初に祀ったのが淡路島の諭鶴羽神社であり、その後、阿波の祖谷《いや》地方にある栗《くり》枝渡《すど》神社に祀られた後、剣山に移された、という説もあります。

もちろん、その信憑《しんぴょう》性については、今後の調査による具体的な成果を期待するしかありませんが……。

ただ、アークの存在を暗示しているとされる童謡「カゴメの歌」の歌詞に、そのヒントが隠されているのは間違いないと思います。

シオンの祭りと栗枝渡（くりすど）神社

剣山では、このアーク伝説の他にも、ユダヤ人の入植を思わせる不思議な伝承が残っています。

✡「かごめかごめ」の歌詞とヘブライ語の音と意味

かごめかごめ：カゴ・メー　カゴ・メー

誰が守る（囲む）のか　誰が守る（囲む）のか

籠の中の鳥は：カグ・ノェ・ナカノ・トリー

硬く封じられ安置されている物を取り出せ

いついつでやる：イツィ・イツィ・ディ・ユゥー

契約の箱に納められた

夜明けの晩に：ヤ・アカ・バニティ

神器を取り除き、代わりにつくった

鶴と亀がすべった：ツルト・カメ・スーベシーダ

お守りの形をしたものを

後ろの正面だあれ：ウーシラッ・ショーメン・ダラ

荒地に水を引いて貯水し、その地を聖地として統治せよ

それは、ノアの方舟がアララト山に漂着した聖なる日と同じ7月17日に、剣山の山頂に神輿を担ぎあげるという奇祭です。

この奇祭が催される7月17日は、同じくユダヤ文化の影響を今に伝える祭りとして有名な、京都祇園祭のクライマックスである山鉾《やまほこ》巡行が行われるのと同じ日なのです。

ちなみに、祇園祭そのものも、その起源は古代ユダヤのシオンの祭りではないかと見られています。それは次のような共通点があるからです。

- 山鉾には、日本には存在しないエジプトのピラミッドやラクダなどが描かれたものが存在している。
- 氏子の「エィサ、エィサ」という掛け声は、ヘブライ語の「イサ」＝救いとも解釈でき、ユダヤの祭りと同じように、祇園際もほぼ1ヵ月間とり行われることなど。さらに、徳島県には剣山以外にも、古代ユダヤ人の入植を連想させる地名や神社などがいくつもある。
- 剣山の近くの、徳島県三好郡東祖谷《いや》山村栗枝渡《くりすど》にある、栗枝渡神社。現在は八幡神社と名前が変わっている。これは、「くりすど」と読み、また美馬市には、白人神社という名前の神社もある。

- 美馬市には倭大国魂神社もあり、倭大国魂神社にはイスラエルの国章にも使われているユダヤ教のシンボルであるメノーラーに似た七枝の神紋がある。
- 美馬市周辺地域には、炭鉱や製鉄技術に長けた、ユダヤ人が出自と見られる「秦」姓が多く、古代イスラエルと同じ火を絶やさない信仰も残っている。

このように、四国にも古代ユダヤ人たちが住みついた足跡が残っているのです。

古代ユダヤ人たちは、淡路島に定着したグループと、四国に渡ったグループ、さらに別の場所に移動したグループなど、さまざまな形で日本各地に入植していったのではないかと思います。

その意味で、高根親子の長年にわたる研究は大変貴重なものですが、このたび、高根親子の調査研究を基にしたドキュメンタリー映画が制作されました。

『劔《つるぎ》の夜明け』というタイトルで、約2600〜2700年前にユダヤ人が四国に渡来し、剣山に古代ユダヤの王ソロモンの秘宝を隠したとする伝説を基にした内容で、平成25（2013）年の7月16日、17日とおまつりをし、剣神社で上映会とおまつりが開かれ私たち

サマリアから日本への道（シルクロードに沿って十支族の足跡が残されている）

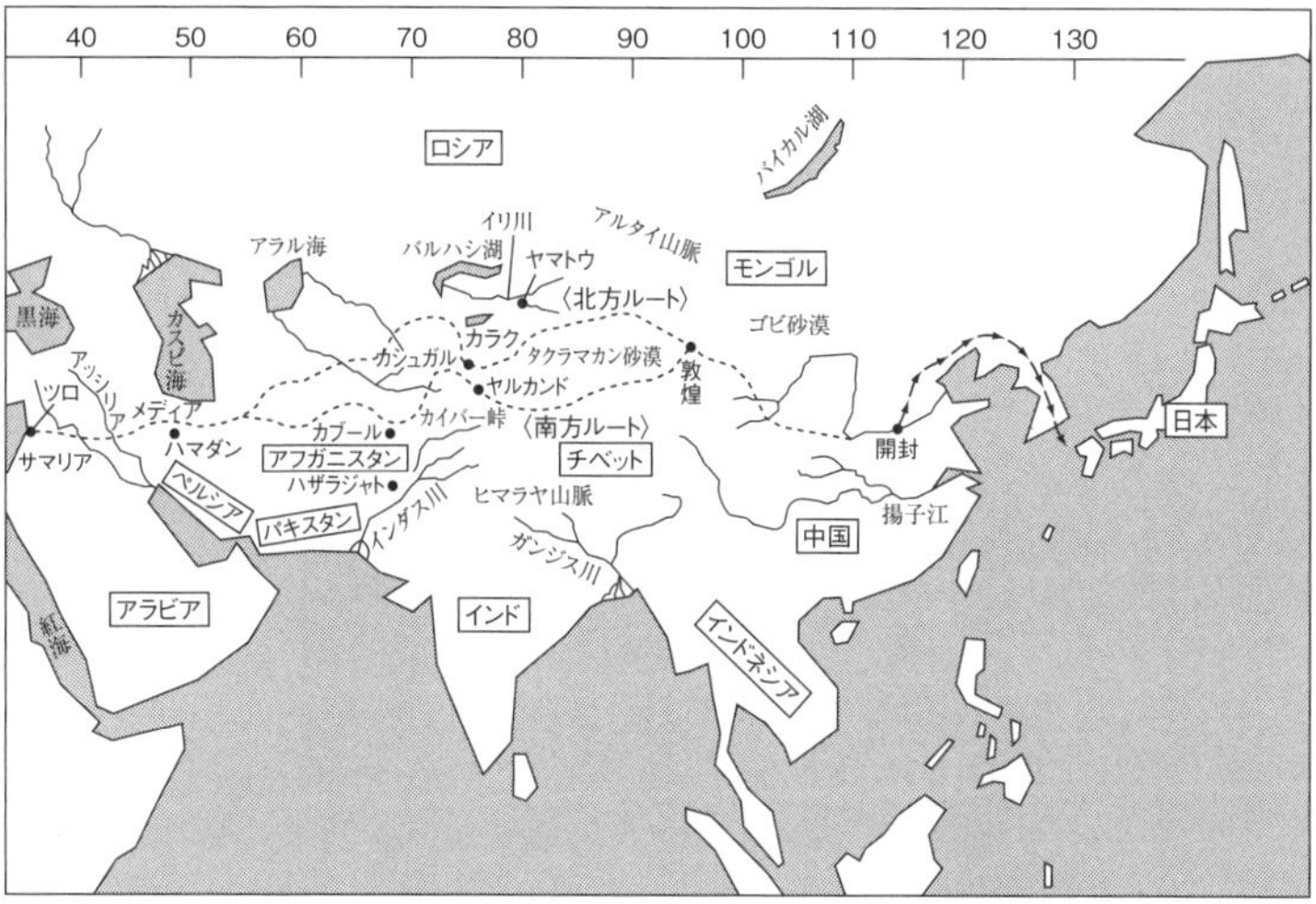

アフガニスタンのパタン人。彼らは自分たちを「バニ・イスラエル」（イスラエルの子孫）と呼ぶ。Ｅ．レクルス画1876〜1894年

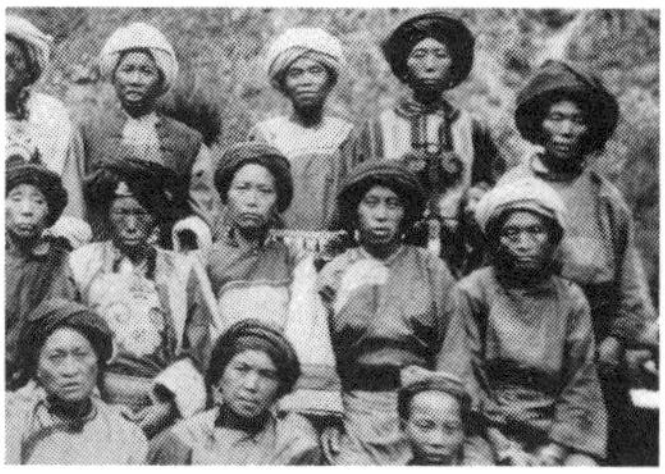

1920年にキリスト教宣教師トーマス・トランスが撮影したチャン族の女性たち（中国とチベットの国境付近にて）。

［マクレオドの解釈］日本で発見された古代文字（神代文字）。ニネヴェ、バビロン、メディアの古代文字に似ている。日本ではこれは神代の秘文（ひふみ）と呼ばれている。

［出典：『日本固有文明の謎はユダヤで解ける』ノーマン・マクレオド、久保有政著］

剣山を登る魚谷氏（右）

栗枝渡神社

も淡路から京都、岡山、東京からと参加させていただきました。

映画では、高根親子と12の童謡の秘密を追い続けると共に、戦前から現地調査をしていた研究者や実際に現地で発掘調査に同行した地元の協力者らの足跡も紹介されています。

この映画は、中学生の頃から伝説に関心を寄せていた井上正さん、渡井享さん、上野昇(通称ののちゃん)たちをはじめ徳島市の有志の方々が、調査に関わった住民らの話を記録に残そうと企画したもので、2010年7月から収録を重ね、剣山の伝統行事や四季の風景も入れて約60分に編集し、このたびの完成を迎えました。

剣山からのメッセージ

『剱の夜明け』の制作に関わった人たちとの出会いも、不思議なご縁から始まりました。

そもそものきっかけは、知人の内藤さんを通じて知り合ったY青年から、剣の山頂を神輿がねり歩く日、すなわち、お祭りの日である2011年7月17日、「白い球に桜の花びらを添えてお祭りの日に剣の山頂に登ってください」と言われたことでした。

また、紫苑の山によく来てくださる佐々木正宏さんからも、「白い球を持ってさくらちゃんと一緒に今年のお祭りの日、2011年7月17日に剣山の山頂にお参りください」とY青年から聞かされた同じようなセリフをしかも同時期にかけられたのです。

これはどうしてもその日に剣山に登らないといけないと思い、知人の吉野さくらちゃんにお願いをし、いつも奉納の歌を歌ってくださるテノール歌手の鈴木哲也先生にコノハナザクラの花びらを用意していただいて、出かけることにしました。

当日はちょうど日曜日だったので、朝早くから参拝者がリフトで登ってくることが予想されました。大勢がやってくるだろうから頂上でのお祈りはできないと思い、ヒュッテの新居網男さんに宿泊の予約を入れてもらって、前日から頂上ヒュッテに泊まることにしました。

参加者は、吉野さくらちゃん、佐々木正宏さん、池田さん、池田さんのお姉さん、内藤さんのご家族、りゅうこちゃんの総勢10名でした。

前日、Y青年から「僕たちは鳴門に赤い球を入れてきたから、明日、白い球を剣にお願いします」と連絡がありました。

私とさくらちゃんは2人で行動することにして、まず徳島の上一宮大粟神社にお参りをしてから剣に向かうコースでスタートしました。

ところが、十分に時間をとっていたにもかかわらず、道に迷ってしまい、さらに教えてもらったコースが時間がかかる道であったため、剣山の麓の最寄駅に着いた時には、すでに最終のリフトが出た後でした。

仕方なく、駅から歩いて登山することになり、さくらちゃんの荷物が大きかったので、コンパクトにしてもらって、最短コースを歩くことにしました。

リフトの下の道に添って、金網の上を息を切らしながら登って行くと、やがて日が落ちてきて、左下の方向から大きな赤い月が顔を出してきました。

私は思わず、「さくらちゃん、また大きな朝日が昇ってきたよ」と言ったものの、それはお月さまだったのです。

息も絶え絶えに二人で笑いながら、やっとの思いで山頂のヒュッテに着くと、小屋主の新居さんをはじめ、先に到着していた私たちのグループメンバー、その日の宿泊者全員が、大きな拍手で私たち二人を迎えてくれました。

翌朝、１９９５ｍある剣山の山頂に向かい、10人のメンバーにヒュッテで泊まっていたおじさんも加わってくださり、総勢11名で「世界恒久平和」の祈りを宣言しました。

その時、さくらちゃんが、地下に対して剣山の山頂にて「スイッチ」を力強く入れていたように見えました。

予想どおり、私たちの祈りが無事済んだとたん、ぞくぞくと人が押し寄せてきて、またたく間に山頂は人でいっぱいになりました。

その後、山頂をねり歩くように神輿を引っ張ってお祭りに参加し、青木夫妻とも合流しました。青木夫妻は、帰りにぜひ会ってほしい人たちがいるからと、案内されて行った先は、「アインシュタインの碑」がある場所で、渡井享さんと上野昇（通称ののちゃん）さんに出会ったのです。

というわけで、ぜひ機会があれば『剱の夜明け』をご覧いただければ幸いです。

菰江の海岸にある古代ユダヤ遺跡の全景と内部

石室周辺に散見される「さざれ石」。「さざれ石」は太古の人工的なコンクリートとする説もある。
この付近一帯の港岸を古代ユダヤ人が建設したのだろうか。石室を案内する魚谷氏

K章　古代イスラエル文化遺跡としての

小磯の古塋《ふるづか》

古茂江小磯の周邊の地名を小路谷《ヲロタニ》といふ。言靈學的には、前章のエデンの園の文化圖で示した如く、小五十《こいそ》がヲロ谷の中に在るのが當然となる。この小磯の古塋は、昔から岬《みさき》の神、又は祟神《たたりがみ》として、敬遠されていた。淡路の或地方で、母《はは》を母《たた》と稱へているのも、この祟に因《ちな》むと考へられる。

この祟の神の藏《ほこら》は、小さい石室《いしむろ》である。この石室の表面の扉に當る所に⧖形の彫刻が施してあるのが、特徴と觀られるが、この圖形は✡形のダビデ章のヅレを直して正しく天地人に組替へたもので、この圖形が、日本の古典に於ける天之底立《あめのそこたち》、地之底立《くにのそこたち》の命《みこと》とよばれる表象であると考へられる。

この石室の置《す》ゑてある地面の土中に埋設された、火燒《ほやき》の痕跡も鮮かな、女根の彫像が、古事記でいふ、母の神伊邪那美命の、

麻名弟子《まなでし》に火結神《ほむすびのかみ》を生み給ひて、美保止燒《みほどや》かえて石隱《いはかく》り坐《ま》しし（鎭火祭祝詞）

『淡路の神秘　エル、エロヘ、イスラエル』117P より

第5章

王仁三郎が託した淡路・裏神業は、こうして完成した！

ユダヤと日本の提携のために出口王仁三郎が託した淡路・裏神業

さて、次に紫苑の山の桃の宮についてのいきさつをお話しするために、話を淡路島の遺跡に戻したいと思います。

古代イスラエルの遺跡の発掘調査を行った白山さんと武智さんのお二人は、調査結果をふまえて、昭和28（1953）年に『淡路の神秘 エル、エロへ、イスラエル』（以下『淡路の神秘』）という本を出版されました（現在は絶版ですが、八幡書店さんが復刻版を販売されています）。

この本の中で、武智さんは言霊研究家として解説文を書き、白山さんは大本の部外者であるがゆえに、王仁三郎さんから戦前、ユダヤ人の遺跡の発掘と共に裏神業を託された経緯などを詳しく記しています。

裏神業というのは、大本の表の活動とは別に、王仁三郎さんが霊的に見込んだ部外者に対して内密に託したご神業のことです。この裏神業を完結することが、みろくの世、すなわち来るべき、宗教宗派を超えた世界平和と理想社会の建設につながるとされているのです。

白山さんが託された裏神業は、「元井戸神業」「鳴門の仕組」と呼ばれています。

この神業は、霊的に重要な意味を持つ井戸を掘ることですが、これは白山さんだけでなく、北伊勢神業を託された辻天水《つじてんすい》さんも同時に行っています。

白山さんによって淡路島でなされた裏神業の目的を一言でいうならば、次のようなものです。

一、宇宙創造神より命を受けた大司令官である大国常立大神（艮《うしとら》の金神《こんじん》＝元津神）を目覚めさせるための霊的な働きをなす大井戸（元井戸）を発掘すると共に、

一、古代イスラエルの遺跡を発掘して、ユダヤと日本の関係を世に出すことによって、無条件降伏という敗戦に帰した日本の立直しを通じて世界を救わんとするためです。

白山さんは、『淡路の神秘』の中で、王仁三郎さんからご神業を託された時の様子をこう述べています。

其《そ》の当時の私には、出口聖師の曰《い》はれた。

お前は一宗一派に囚《とら》はれてはならない。それだから大本教には入信しないで、皇道大本の行者になれと。

教えられたおことばを理解することができませんでしたが、聖師は、当時の情勢の変遷に就《つい》て、次の如く語られました。

現代は加速度的に、一途に世界は破局に向って進んで行く。如何《いか》なる理由を持たせるにせよ、戦争は戦争へと、全世界は戦場化して、神定の世の終末の審判が始まる。どうした機会で戦争が収拾されるかは、ユダヤと日本の完全な提携によることは、既定の事実である。

さうしない限り、戦争の原因動機となるユダヤとアラブの宗教戦の収拾はつかない。眞の宗教は岩戸隠れであるから、これが世に出ない限り、思想戦も肉弾戦も、世に無くすることは出来ない。

眞の宗教を世に出す業は、今の宗教家の手では絶対に出来ない相談である。今日の宗教はニセ預言者の迷信教であって、眞の宗教を知る者はない。これからの世界は益々覚有情の人間味を離れた氣違ばかりの世界となる。皇道大本は、唯一の救世主（キリスト）を知らせ、宗教の本質（咒）を知らせ、更に直接に、立替立直しの業をする立役者（菩薩）を仕立てるところであるが、方便の上には、立替立直しの雛形を以て教えを示すところである。

雛型では、出雲系の大本で、ユダヤを世に出し、日本系の皇道でイスラエルを世に出すところで、いまのところ、この筋書きを本当に知らせて置く適材が見つからぬ。

然《しか》しまだ帝国日本が崩壊するには、十年の間があるから、腰を据えて一仕事してみる氣は起らないか。

と相談をもちかけられました。

私は一議に及ばず従順に「私の出来る事なら」とお引受をいたしました。すると聖師のいはれるには、皇道大本の究極の宗教原理を示す雛形建設の必要がある。それでは淡路の神代村といふ地に大井戸を掘上げて貰《もら》ひ度《た》い。然し実際に、工事に着手するのは、十年先のことであるから、それまでに、淡路島の古文化遺跡の資料調査をして

――欲しいと要所要所の差図を受けました。

封印されていた「艮《うしとら》の金神《こんじん》」の出口が開く

白山さんは、当初はよく事情がのみ込めないまま、王仁三郎さんの指示に従って素直に井戸を掘り続けたようです。

王仁三郎さんが指示した井戸の大きさは、直径1間半（約2・7メートル）、深さは60間（約108メートル）でした。

ところが、いくら掘っても水が出てこなかったので、王仁三郎さんに確認したところ、その井戸は、あくまでこの世における艮の金神（大国常立大神）の霊的な封印を解くための井戸であり、この元井戸を聖地として永く祀るように告げられます。

「この井戸は、鳴門の渦の底の底に封印されている艮の金神の出口であり、その元井戸の横に祠《ほこら》を建てるように」と。この祠は、神代・桃の宮と名付けられました。

その後、王仁三郎さんの意向によって、元井戸のご神体（短冊に記された神号）は伊勢に移されたのですが、白山さんはその後も元井戸を神座として神業を続けました。

そして、全財産を投入して井戸を掘り続けた結果、ついに井戸水が湧き出たのです。白山さんは、この井戸は地下で鳴門の渦潮に通じていて、これにより世界を清め、聖なる水が世にもたらされるものと直覚し、「元井戸は完成後、その傍らに小さな祠をつくって永久保存の方法をとり、そこを世界の中心の聖地として奉祭せよ」と託された王仁三郎さんの遺言に応えたのです。

鳴門の渦は、オノコロ島が生成される国生み神話の渦の象徴でもあります。

白山さんがこの元井戸の発掘と並行して行ったのが、王仁三郎さんが預言していた古代ユダヤ人の手による遺跡の発掘であり、この二つは対を成すご神業だったのです。

つまり、古代イスラエルの遺跡の発掘によって、ユダヤと日本の関係が明らかになり、やがて二つの民族が手を携えることによって、既成宗教の枠を超えた真の世界平和とみろくの世（理想社会）が築かれる。

王仁三郎さんの目には、そのような未来の世界がはっきりと描かれていたということです。

裏神業を託された白山さんご自身は、遺跡発掘の意義について、『淡路の神秘』の中で次のように記しています。

太陽と星の交叉
（記念すべき昭和二十七年十月十四日）
世界の暗黒を照らす太陽と星は遂に交叉した。
日本の国旗日の丸と、イスラエルの国旗ダビデ章とが、千九百五十二年十月十四日に淡路の聖地太陽の国にヘンポンと、ひるがえったのである。太陽は昼かがやき、星は暗黒を照らす。この二つが、提携する時、世界は始めてやみから救はれる。世界の平和と幸福とは、この二つの旗が交叉することから始まるのである。日本帝国が建国された頃ユダヤは滅亡した。日本帝国が滅びた頃、ユダヤ国は再建されたのである。

白山義高の裏神業を引き継いだ浪之上千代鶴（宮本千代鶴）の「桃之宮」

前述したように、遺跡から発見された火で焼かれた女陰石は、イザナミが火の神・カグツチを産んだという神話を連想させます。
また、別の見方をすれば、「太陽＝日本」と「星＝ユダヤ」の連携、すなわち陰陽和合による新たな国生み・国造りの象徴のようにも見えます。

いずれにしても、元井戸の完成と併せて、古代イスラエルの遺跡を世に出すことによって新生日本の誕生を告げる、それが王仁三郎さんの遺言だったからこそ、白山さんは、「世界の暗黒を照らす太陽と星は遂に交叉した」と喜びを表したのだと思います。

王仁三郎さんの淡路・裏神業の目的と遺跡発掘の霊的な意義について、私がはっきりと確認できたのは、大本の裏神業をたばねられた櫻井喜美夫《さくらいきみお》先生との出会いがあったからです。

櫻井先生は、王仁三郎さんが最後の名付け親として命名された方で、櫻井家はご神体としての霊石を大本に奉納されていた家系だそうです。

王仁三郎さんとの奇《くす》しき縁を持つ櫻井先生は、『出口王仁三郎の遺言』(太陽出版)をはじめこれまでに王仁三郎シリーズを3冊出版されており、淡路・裏神業についてこのように述べられています。

———

つまり、遺跡は、古代ユダヤの民が最初に辿り着いて、子孫を産み育てた土地であることの証。そして、やがて「世界の聖地となる元井戸」は、スの神を出現させるための、いわば霊的な穴です。

すなわち、井戸の下を流れる霊水が鳴門の渦潮と感応し、その霊的エネルギーが世界の7つの海を巡って水を浄化することによって世界全体が清められ、その結果、人類の禊と目覚めが促される、ということです。

これが、聖師の〝遺言〟であり、そのために仕組まれたのが「不二（富士）と鳴門の仕組」です。

櫻井先生と私をつないでくれたのは、白山さんが元井戸を掘った島内の神代に設けられていた「桃之宮」でした。

白山さんから裏神業を引き継いだのは、浪上《なみのうえ》千代鶴という女性で、本名は宮本千代鶴さんと言いました。千代鶴さんは若い頃から霊媒体質で、あちこちで修行に打ち込み、たびたび神示を受けるような方だったようです。

その千代鶴さんが修験道の行場でもあった諭鶴羽山で修行していた頃、淡路で白山さんと出会い、昭和28（1953）年頃に元井戸の傍に桃の宮を建てて、白山さんから引き継いだ霊石をご神体としてお祀《まつ》りしたのです。

白山さんは浪上さんに対して、「あなたが来てくれることは神のお知らせがあった。こういう女性が来るから、その時にはその女性の言うことを万事受け入れて反対してはならぬと。私の苦衷は因縁の身魂同士のものでなければわかっていただけない。ただ後事をよろしく……」と言って淡路島を去っていったそうです。

ところが、その後、昭和58（1983）年11月23日に桃之宮は全焼してしまいます。その焼け跡からは千代鶴さんの焼死体も発見されましたが、火災の原因は不明のままだったことから、関係者の間では「世の立直しのために、火の洗礼を受けたのではないか」などと噂されていました。

7個のダビデ紋の霊石を発見し「桃の宮」を再建する

桃之宮が焼失した後、千代鶴さんの親類が大本の本部にその報告に行ったら、「うちには関係ありません」と言われたそうで、その後、焼け跡は長い間そのまま放置され、元井戸があった場所と共に造成地となって、その場所には住宅が建ち並びました。

私が桃之宮の存在を知ったのは、すでに焼失した後でした。

しかし、それでもなぜか、何かに導かれるようにその焼け跡をよく訪ねました。

たぶんご先祖の亀太郎さんの導きもあったと思いますが、桃之宮の月山へ置いてあった霊石は、おそらく王仁三郎さんから白山さんが託された、みろくの世を拓くための霊石に違いないと思ったからです。

その霊石は、淡路島の倭文《しとおり》の丘に移されており、やっとのことでその場所がわかったのですが、大事な霊石なのに無造作に放置されていました。私はすぐに土を洗い流して、きれいになった霊石を祀らせていただくことにしました。

その霊石こそ、第1章で述べた、青銅でつくられた六芒星の形をしたダビデ紋1つと、同じく六芒星の形をした御影石《みかげいし》でできた6つのダビデ紋、計7個の霊石だったのです。

私はこの霊石を見た瞬間、大きな感激と共に、記憶の隅にあった一つの言葉を思い出しました。

それは、以前クリスチャンのTさんから読み聞かせてもらっていた聖書の中に出てきた、「アジアの7つの教会」という言葉です。

なぜかその言葉だけがずっと気になっていたのが、この7つの霊石を見た瞬間に、「この7つの石が日本の新たな夜明けをもたらす働きを成してくれる」そう確信しました。

この7つのダビデ紋と一緒に発見したのが、藻が岩となった緑の円柱石（地軸の確立のために用いる）と、もう一つ大事な黒い球状の重い霊石（未来の地球を表す）でした。

王仁三郎さんは、これから必要とされるものすべてを見通して桃之宮に納めさせていたんだ——そう思うと、涙があふれて止まりませんでした。

私はそれらのご霊石をきれいに磨いて、再びお祀りするために、知人のF夫妻に頼んで、Fさんが所有しているお山に新たに祠を建てて、そこに安置させていただくことにしました。Fさんは藤原氏の御子孫で神事に精通していたことから、お祀りする場所を快く貸してくださったのです（後述）。

しかし、ことはそれで終わりませんでした。

ある時、淡路の知り合いの女性が訪ねてきて、桃之宮の跡地に行きたいと言ってきました。「もう焼け跡の後に家が建っているので、行っても仕方ないよ」と私が答えたのですが、いや、どうしても連れて行ってというので、彼女を桃之宮があった場所に案内しました。

その時は何もなかったのですがこれは何かあるなと思っていたところ、その2日後霊感の強い別の女性が訪ねて来たので、その方に「翌朝早いけれど神代桃之宮の跡地へ一緒に出向いてください」と頼み込み翌朝出かけました。

一回りして歩いていると、その場で、彼女に千代鶴さんの霊がかかったのです。彼女の口を借りて、千代鶴さんはこう告げました。

「私は聖師のご意向に従って、この桃之宮をずっと守り続けたかった。でも、私自身の至らなさからそれが叶わなかったために、自ら火を放ってしまいました。後のことは、どうぞよろしくお願いします」と。

その後、櫻井先生が訪ねて来られたので、その話をしたところ、千代鶴さんはまだ浮かばれていなかったようで、櫻井先生は「二人で千代鶴さんの御魂を供養してあげましょう」と言われました。

そして、雨の降る晩、櫻井先生の主導で千代鶴さんの供養が始まりました。

私は自分にその役が勤まるだろうか不安だったのですが、櫻井先生がそれを察知して、「佳代さん、大丈夫！　雨よやめ、月よ出よと声を出し続けてください」と言われ、私は素直に従いました。

雨は降り続け、月の姿も見えません。「千代鶴さんが成仏できていないようなら、まだこの辺に御魂がさまよっているのでしょうか」と私がたずねますとなぜか外灯が点滅し始

味きっこう敷地内にある「桃の宮」の里宮

出口王仁三郎

櫻井喜美夫氏と御影石のダビデ紋

め、ただならぬ雰囲気が漂ってきました。

櫻井先生の傍で、私は言われたとおり「雨よやめ、月よ出よ」と声を出し続けました。

すると、間もなく雨がやんで、うっすらと月灯りが出てきたのです。

櫻井先生は、月のエネルギーによって千代鶴さんの御魂が鎮まったと言われました。

不思議なことに、供養が始まると同時にそれまでしきりに吠えていた犬の声が急に鳴きやんで、供養が終わると、今度はまたワンワンと吠えだしました。

櫻井先生は、ご自身が製作された桃の形をしたマニ宝珠を携え、味きっこう敷地内にあったお社を新しい「桃之宮」の里宮として、そこに奉納してくださいました。

「地軸がふらふらして地球が大変なことになる」との中山みきの言葉につき動かされて

天地之宮の大切なお役目の一つに、「地軸の確立」があります。

天理教の始祖である中山みきさんの霊言に、「私が死んで100年後、すなわち2002年の秋口までに地球がふらふらしてくるから『地軸の確立』をせよ」という言葉が残されていると、ある本に書かれていました。

その本を読んだ時、私はその箇所に目が釘づけとなり、なぜか「地軸の確立」を実行しなければいけないと思ったのです。

その霊言を見たのは、2002年の3月だったので、秋口までにはまだ間に合うと思い、地元のFさんご夫妻が、おばあさまの時代に淡路富士（先山三神岳）と呼ばれている霊山（洲本市上内膳《かみないぜん》）の隣の山を一山《ひとやま》買ってあると聞いていたことから、そのお山をお借りできないかと頼んだのです。

Fさんのおばあさまが、大事な地軸を祀るための場所を用意してくれていたのではないかと勝手に解釈して、厚かましくも「ぜひお山を貸してください」と懇願したところ、F夫妻は神事に理解があったため、快くお借りすることができました。

さて、次は地軸を通す石を用意しなくてはと、いろんな人に訊ねていたところ、出口王仁三郎聖師が、第二次大本事件（1935年）から釈放されて亡くなる前に行っていたのが淡路・裏神業であると知らされました。

まさにそれが先に述べた元井戸であり、神代「桃の宮」だったわけですが、浪上千代鶴さんが宮とともに焼死し、そこに納められていた石を探し出した話はすでに述べたとおりです。

その霊石は、長い間風雨にさらされていたため、土がこびりついており、水できれいに洗いました。その中に前述した緑の円柱石があり、これを地軸の確立に用いようと決めました。

この地軸の石とは別に、黒い球状の石もあり、ある方がこれは「未来の地球」を表すものといわれたことから、併せてお祀りすることにしました。

こうして、2002年の秋口、9月28日に上内膳《かみないぜん》・露原《つゆはら》の山頂に「地軸のモニュメント」を完成させることができ、F夫妻にもご参加いただきました。

そして、時同じくして、出雲の長老、吾郷清彦《あごうきよひこ》さんの命を受けた長島さんから、同じ年の10月10日に、「淡路・出雲国生みまつり」をぜひ淡路の地で開催してほしいと、何度も淡路島に来られて頼まれました。

そこで、希望者のみでという形で、知人らに呼びかけ10月10日に「淡路・出雲国生みまつり」を開催しました。

出雲の長島さんの精力的な働きかけで、出雲神楽をはじめ、全国から歌舞《かぶ》奉納《ほうのう》者もかけつけてくださり、参加費用が高かったにもかかわらず、108名もの人がご参集くださって、とてもすばらしいお祭りができ、長島さんも大変喜ばれました。

残念ながら、長島さんは、翌年の2003年1月1日に突然お亡くなりになり、また吾郷先生もその翌年にご逝去されたと風の便りに聞きました。

長島さんが亡くなってしばらくして、Eさんから、「長島さんからの伝言で、天地の元宮に祀ってほしい」と告げられ、天地の元宮の祖霊さんとしてお祀りをさせていただきました。さらにその後、1年くらい経てからEさんから、今度はお祖父さんの声で、「長島君と一緒に私も祀ってほしい」と告げられたと聞かされ、あぁ吾郷先生のお言葉だなと思い、ありがたくお祀りさせていただいた次第です。

そして最近になって、吾郷先生は『日本建国史―全訳・ホツマツタヱ』の著者であったことを知りました。その本には若き日の昭和天皇のりりしい乗馬姿の写真があったことから、おそらく天皇にご献上されたのだと思いますが、吾郷先生の偉業に改めて敬服した次第です。

この大変な変革期に、きっと吾郷先生も長島さんも天界から惜しみない応援をくださっているに違いないと思っています。

地軸のモニュメントは、この霊山（洲本市上内膳・露原）に10年近く置かれていました。

洲本市上内膳のお山に設けられていた地軸のモニュメント（平成の岩磐）。現在は紫苑の山に移された

そして、それまでFさんにお借りしていた上内繕のお山から、紫合光《ゆら》さんからのメッセージを機に、平成23（2011）年10月9日～10日にかけて紫苑の山に移し、改めて天地之元宮・桃の宮（奥宮）と名付けさせていただきました。

紫苑の山へ霊石を移す作業は、登山だけでも大変なのに大きな石を持たねばならず、大阪の中井さん、地元の内谷さん、川村さんたち総勢11人で運ぶことができ、大変感謝しています。

また片田舎の99mの名もなき山を発見させてもらえたことに改めて感謝すると共に、これで終わりではなく、物語はさらに続いていくものと期待しております（なお、味きっこう敷地内の社は桃之宮の里宮としてお祀りしています）。

地軸が修正されてムー（右脳）とアトランティス（左脳）の意識が融合された！

桃の宮（奥宮）を現在の紫苑の山に移してから、2年近く経った平成25（2013）年5月7日、思いがけない出来事がありました。

紫苑の山の月並祭を毎月7日に行っているのですが、5月7日の朝、佐々木正宏さんがどうも今日は2ℓのペットボトルが別に1本入り用だと言って、奥宮の桃の宮の地軸の石の横で左廻りに水を流しはじめ、「どんどん地球の下へつながってゆく。参加者全員、意識合わせをしてください」と呼びかけました。

「佳代さん、やっと地軸が通ったみたいです！」

地軸を通す儀式をリードしてくださった佐々木正宏さんが叫ぶようにそう言われたのです。

また同じ日に、周囲の複数の人たちから、同様な驚きの声が私のもとに寄せられたのです。それまでふらついていた地軸が調整され、しっかりと通った。中山みきさんの遺言が間に合ったのだ！　そう直感しました。

そして、桃の宮の地軸の裏側はどこかと調べてもらったら、ブラジル沖の海の中であることがわかり、そこで再び私の直感がひらめきました。

地理的・霊的に見ると紫苑の山はムー（古代日本）の意識体を、ブラジル沖はアトランティスの意識体を示しています。ですから、霊的な地軸が通ったことによって、ムーとアトランティスの意識が融合したことを意味しているのです。

精神世界に造詣が深い天下泰平さんも述べているように、ムーは、まさに魔法文明が栄えた超右脳型文明であり、アトランティスはそれとは対照的な科学文明が栄えた超左脳型文明。

双方が対立するのではなく、男女の和合と同じように、補い合い、調和することによって平和と発展、そして新たな創造につながります。

つまり、地軸を通すということは、より高い次元に立つことによって右脳と左脳の統合をはかり、それによって調和と創造の時代が始まったということ。

現在の文明は、アトランティスの特色が強い左脳優位の物質文明ですが、地軸が通り、ムーの右脳型との統合が起きたことによって、左右両脳のバランス型文明の到来が告げられたと思われます。

佐々木さんが今日の地軸を地球の裏側まで通すため、神が儀式の前月、4月13日の淡路の地震を起こし、微調整を行ったのだよと教えてくださいました。

そして、その地軸が通ったということを証明するような出来事が2つありました。

一つ目は大阪の友人、天邑《てんゆう》さんがなぜか直径20㎝くらいの緑の球状のガラス玉を買って、八尾の玉祖《たまおや》神社にその玉をおまつりして祈ると、その玉の中心を光が貫きぬけたと伝えてくれました。どうも彼女と私たちは違う場所で同じ時間帯に行動していたようです。
二つ目は同日夜のNHKのニュース番組の「ニュースウォッチナイン」でのトップニュースに、ブラジル沖の海底にアトランティスの遺跡らしきものが発見されたとあり、またまた驚かされました。こうして神様はつたない私たちに地軸の通った証《あかし》を伝達してくださったのです。

地震は龍神のエネルギーによる働き

地軸を通す儀式を行う約1ヵ月ほど前に淡路島で起きた地震は、平成7（1995）年1月に起きた阪神・淡路大震災を思い出させるほど、大きいものでした。その時の地震は、気象庁の発表によると、次の規模でした。

発生日時……平成25年4月13日5時33分
震源地……兵庫県淡路島付近（北緯34度25・1分、東経134度49・7分）
震源の深さ……15㎞、規模はM6・3

各地の震度（震度5弱以上）……震度6弱：兵庫県淡路市、震度5強：兵庫県南あわじ市、震度5弱：大阪府岬町、兵庫県洲本市、徳島県鳴門市、香川県東かがわ市、小豆島町

「うわーっ、また地震や！」、私も一瞬身体がすくんだものの、これは神様が動いた印だと直感したのです。

警報が鳴って、「すぐに山の方に避難してください」とのアナウンスが流れるなか、知人から携帯に電話があり、「震源地は淡路島の中だから津波は心配ないから」との知らせがありました。

その日、西宮で特別なバレエの大発表会を企画していた知人の天野祐里さんから電話がありました。

彼女には「心配ないですよ。これは大国常立大神さまが始動するためにシコを踏んだようなもんで、これも神仕組みだから。私たちに気合いを入れるためのものだと思ってください。そのつもりで、どうかあなたも今日の大きなお役目に臨《のぞ》んでください」と伝えました。

地震は龍神のエネルギーによる働きであり、封印されてしまった太古の神々や眠ってい

る龍神を起こすのは聖なる石、霊石だとも言われています。

いわば、聖なる石と龍は鍵と鍵穴の関係で、両方がピタッと重なり合うことで、大地や地球のエネルギーが大きく動いて全体の波動調整を行っているのかもしれません。

ご神体石が納まるべきところに納まったことで、龍と共に神様が動いてくださって地軸が通ったに違いない……私はそう確信しました。

その理由は、それまでに前述した青銅石を含む7つのダビデ紋（ご神体石）を、櫻井先生をはじめ、ご縁のある方々を通して日本の重要なポイントとなる場所に奉納していただいていたからです。

「アジアの7つの教会」とは、龍体である日本列島の北海道から沖縄までの、紫苑の山を含む7つの地域（チャクラ）を示していると解釈できたことから、不思議な神縁によって、ご神体石がそれぞれ奉納されるのにふさわしい場所へと渡っていったのです。

御影石のダビデ紋が奉納されたのは次の地域です。

洲生之宮《すうの》（滋賀）、阿波之宮（徳島）、琉球之宮（沖縄）、筑紫之宮《つくし》（九州）、えぞ北倭《きたやまと》之宮（北海道）、富士はらみ之宮（静岡）。

そして、中心となる青銅のダビデ紋は、紫苑の山の奥宮である桃の宮に。

ちなみに、桃の宮から始まって、最初に御影石のダビデ紋を奉納していただいた洲生之宮は、淡路島と陰陽の関係にあるといわれている日本最大の湖である琵琶湖です。琵琶湖がある近江地方も、昔は淡海（アワ）と呼ばれていて、琵琶湖は淡路島とほぼ同じ形をしていて、反転させるとほぼ一対になります。

こうして霊的な7つの教会ができたことで、龍体である日本列島全体が活性化され、いよいよ大国常立大神さまが始動されたのではないかと思います。

以前北陸石川県からやってきた堀田先生が先山の隣の山、当時地軸を祀ってあった上内繕の山を訪れて、海人族の女神である宗像三女神が出迎えてくださったと驚かれました。その方は、「淡路島で宗像三女神にお会いするとは夢にも思わなかった。ここはとても尊い場所になっています」と喜ばれました。そして「地軸の名」を「平成の岩磐《いわくら》」と命名したのも彼でした。

ユダヤ遺跡からダビデ紋、指輪、ヘブライ語の石板が発見されていた！

一方、古代イスラエルの遺跡はその後どうなったかと言いますと、ホテルの所有者が変わって、完全に封鎖されるかもしれないという由々しき事態を迎えていました。

私が直接遺跡とつながることができたのは、まさにそのような時でした。

そもそも、淡路島に古代イスラエルの遺跡があるということを私が知ったのは35歳頃のことでした。

『洲本公論』という地方新聞の中に、「洲本市四州園内に古代ユダヤ遺跡」と書かれているのを見て、そのたった一行がなぜか目に焼き付いて離れなかったのです。それからしばらくして、奇しき縁でその遺跡がある土地の所有者の奥様と出会うことになりました。

ある日、私の姉が招待を受けていた某女性団体のクリスマス会に、どういうわけか姉の代わりに私が参加することになり、その会場で私の隣の席にいたのが遺跡のある四州園ホテルの社長の奥様だったのです。

その時に奥様と遺跡の話をしたのがきっかけとなって、私は初めて念願の遺跡を訪ねることができ、その際に社長さんから遺跡に関する古い資料も見せていただきました。

社長さんのお話によると、遺跡が発掘されるまでの経緯はおおよそ次のようなものでした。

・四州園という名称の由来は、4つの州（紀州・泉州他）が見渡せる風光明媚な場所で、海際にお風呂をつくるために掘り起こしたところ遺跡が出てきた。
・遺跡を発見した四州園の主が、その翌日に原因不明で急死してしまったことから、祟《たた》りではないかと恐れられて、遺跡は埋め戻された。
・その後、昭和27年の遺跡調査によって、紋章が描かれた蓋が被せられた石室や女陰石、青玉石などが発見された。ローゼン師が「太陽の国、シオンよ目を覚ませ」と述べたことで日本とユダヤの関係に関心が高まり、一時期世間から大変注目を浴びた。
・しかしそれからは次第に忘れ去られて、遺跡もそのままになっている。

その後、どなたかがまた遺跡を掘り起こしたらしく、長い間ブルーシートがかけられていました。

それを見た私は、「遺跡は女性の陰部を象《かたど》ったものだから、埋め戻さないと嫌だな」と思っていました。

そんな折、四州園の社長さんがガンで入院しているという噂を聞いたので、すぐに四州園に出かけました。見知らぬ女性に向かって、「社長さんがガンと聞いて驚いて知らせに参りました。すぐに遺跡を埋め戻してください。先代が初めて遺跡を開けてどうなったかご存じでしょう⁉」と伝えました。

後で、その女性は社長の妹さんだと知ったのですが、その発掘をしてそのままの状態にしていたのは、高根三教《みつのり》さん、後に仲良くなった井上正さんをはじめとする四国剣山顕彰学会の方々でした。

井上さんから聞いたところ、「何か神がかり的な女の人がやってきて、早く埋め戻してくださいと言われました」と四州園から電話があって、会長の高根さんに伝えたところ、「私は東京ですぐに行けないから四国のメンバーでお願いします」とのこと。

そこで、井上さんらにより埋め戻されたのです。

その際、井上さんらによると、ダビデ紋、12部族のうちの1部族のシンボルであるシカのマークが刻まれた2つの指輪（次ページ写真参照）、ヘブライ語の小さな石板（文字の意味は「後世に遺す」）があったそうで、それらを大切に護ってくださっています。

それから、ほどなくして四州園の社長さんが元気で退院され、その後、会長になられました。

ところが詳しい事情はわかりませんが、平成7（1995）年の阪神・淡路大震災の影

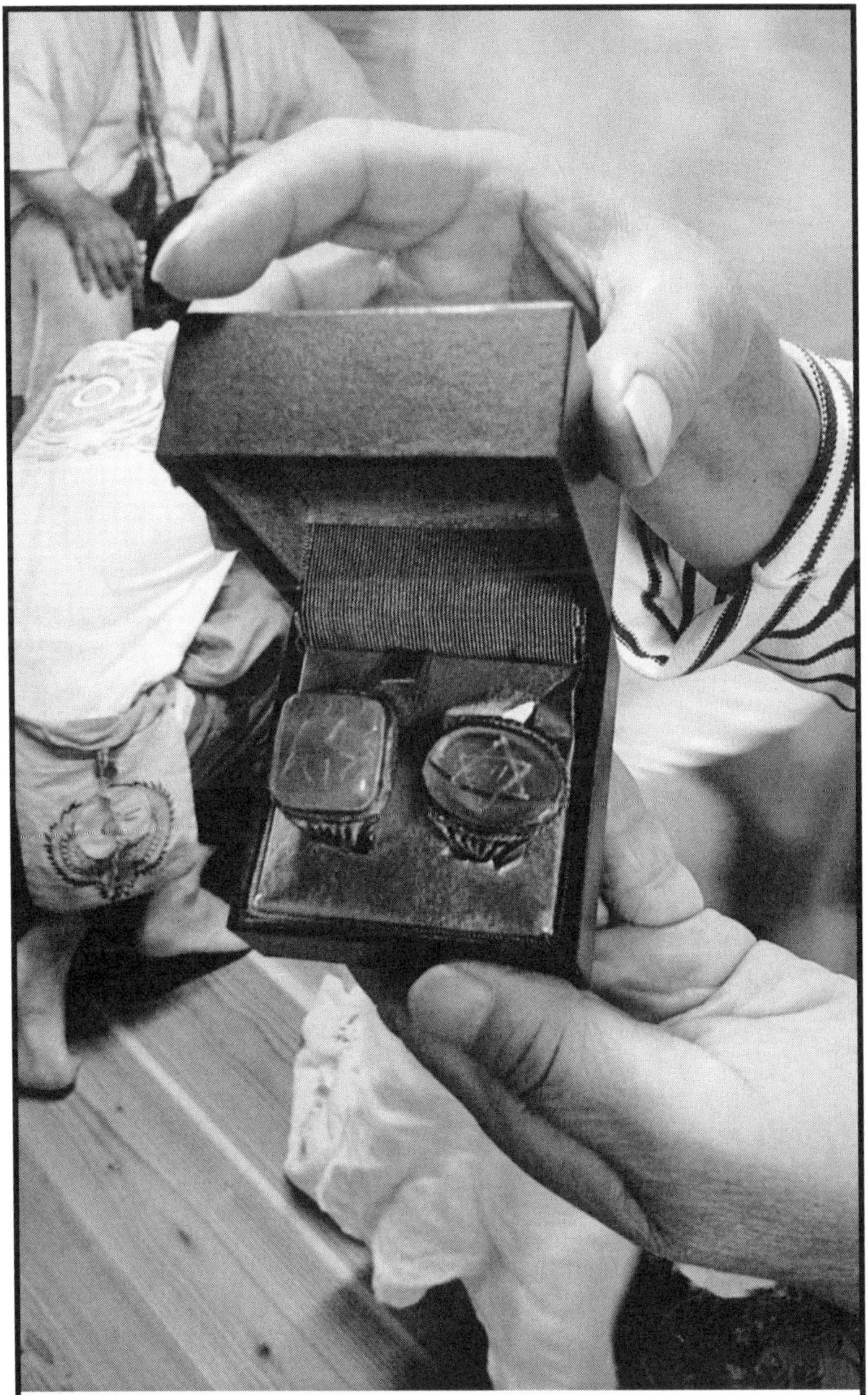

淡路のユダヤ遺跡から発見された２つの指輪（ダビデ紋とシカのマーク）

イスラエル十二支族の紋章

ダン（まむし）

ナフタリ（雌鹿）

ガド（宿営）

アシェル（オリーブの木）

ヨセフ（マナセとエフライム）（野牛）

ベニヤミン（狼）

ルベン（まんだらげ）

シメオン（剣と盾または城）

レビ（胸当てまたはウリムとトンミム）

ユダ（獅子）

イッサカル（ろばまたは月と星）

セブルン（舟）

東京・渋谷のシナゴーグに飾られた十二支族の紋章。創世記49章や申命記33章に基づく想像図であり、シナゴーグによって若干デザインや内容が異なる。ダビデの星が描かれたものもあるが、これは17世紀以降に付け加えられたものである。ヨセフの部族の紋章はユニコーン（一角獣）である。また、ユダの紋章はライオン（獅子）である。ノーマン・マクレオドが明治初頭に描き写させた日本の皇室の紋章（右下）と比較するとき、日本とユダヤの不可思議な因縁を感じざるを得ない。

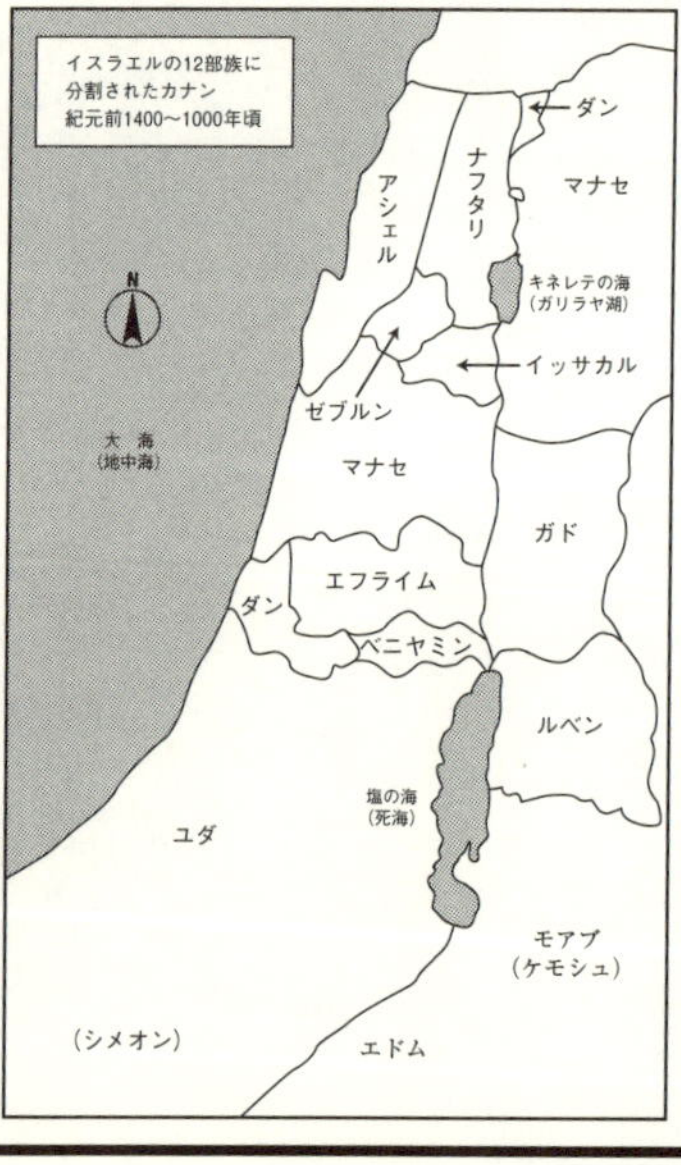

ユダヤ人の伝統的な理解によれば、イスラエルの失われた十支族はいずれ回復し、祖国へと帰還する。その時、同時期にメシアの来臨もまた起こる——つまり、日本人が失われた十支族であると両民族が認知するとき、世界にかつてない平和と変容がもたらされると信じられているのである。

［地図出典：『日本・ユダヤ封印の古代史』マーヴィン・トケイヤー著　久保有政訳］

［出典：『日本書紀と日本語のユダヤ起源』 ヨセフ・アイデルバーグ著　久保有政訳］

響で客不足となり、経営不振から四州園は売却されたのではと推察されます。

そして、数年前に会長が亡くなられた際、お通夜に行った帰り、暗い中、遺跡の前で報告をさせていただいたことを今も覚えています。

経営は四州園からホテル・ニューアワジに移行し、新しく夢泉景ホテルとなりました。それから間もなく、ホテルを改装するに当たって遺跡が埋められるかもしれないとの噂を耳にしました。

私は何としてもそれだけは止めてもらいたいと思って、『淡路の神秘』を手にしてホテルに向かい、社長のご子息である専務さんに直談判をして、次のように進言させていただきました。


「この遺跡は、遺体を埋葬したお墓ではなく、日本に辿り着く間に亡くなってしまった同胞たちの魂を葬ったものだと思います。

古代イスラエル10部族がはるか東方を目指して、日本のこの地に来たことの証であり、2700年近くもの歴史があります。この遺跡があることから、日本の皇室もユダヤの民とつながっている気がします。だからこそ、『古事記』で国生みの島とされたんだと思います。

お宅がここを買い取られて、この遺跡がなくなりそうだとの噂を聞いて、じっとしていられずにやってきました。

専務さんは私と同じ洲本高校のご出身だそうですが、洲本高校の校歌に『天地のまこと固《こ》りて成《な》る　八洲《やしま》のもとい　淡路島』という歌詞があるのをお忘れではないでしょう？

この遺跡は、この歌詞にあるように、まさに八州の元である淡路島のシンボルです。所有権はあなた方に移りましたが、2700年もの永い永い歴史のある貴重な遺跡がなくなってしまうのは耐えられません。

どうか、何とかこれを遺すように考えていただけないでしょうか？」

専務さんは、「わかりました。返事は1ヵ月くらい待ってください」と言われました。

それから1ヵ月も経たない頃、専務さんと道でばったり会い、「あなたが望んだように、図面を変更して遺《のこ》すことに決めましたので、安心してください」と言ってくださったのです。

当時、社長さんは病気で一時期入院されていたようでしたが、その後、回復されたと聞いています。

この場をお借りして、貴重な遺跡を遺していただいたホテルの社長や専務さんをはじめとする関係各位の皆様のご英断に深く感謝すると共に、心から敬意を表したいと思います。

以上のような経緯から、はからずも遺跡とのつながりは年々深まっていきました。

それは、遺跡の見学者が国内外からたくさん訪れるようになって、地元の本屋さん「BOOKS成錦堂」の湊《みなと》さんと私でその案内役をさせてもらっています。

そんなこともあって、ホテルの専務さんからは遺跡の説明文を書いてほしいと頼まれているのですが、なかなか手がつけられない状態が続いていて、誠に心苦しく、それが今後の私の課題でもあります。

沼島（ぬしま）は、ヘブライ語「シュシマ」に由来する!?

私が遺跡の案内を頼まれるようになってから、日本の古代史に関心のある人はもちろん、数多くのユダヤ人たちが遺跡を訪ねてこられました。

その人たちから聞かされたのは、ご先祖が辿ったであろう、次のような歴史ドラマでした。

- 私たちの先祖（古代ユダヤ人）たちは、イスラエルの地から海を渡ってはるばるこの淡路島に辿り着くまでに多くの同胞が亡くなった。そのことから、彼らの魂を祀るためにこの遺跡をつくったに違いない。
- なぜ女性の陰所を彫ったかというと、この地で「産めよ、増えよ」という子孫繁栄を願ったため。ゆえに、旧約聖書と日本神話はつながっている。
- 遺跡から出てきた青玉石は、ユダヤ人が好む青い石で、よくペンダントなどに使われている。
- 淡路島には勾玉の形をした沼島《ぬしま》があるが、それはヘブライ語で新しい生命の誕生、魂を意味する「シュシマ」が由来になっていると思われる。

また、同じユダヤ民族の中でも争いがあったことから、もう争いのない世界をつくりたいと切に願っているユダヤ人もいました。ローゼン師のように、世界平和のために心ある日本人と手を携えていきたいと考えているユダヤ人も少なくないのです。

王仁三郎さんが提唱していた「万教同根」という考え方に立つならば、戦争のない世界は決して夢物語ではありません。

「万教同根」というのは、すべての宗教の元は一つであり、各宗教におけるあらゆる神は呼び名は違っても本来同一のものであることから、お互いの垣根を取り外して手を握りあうべきである、という考え、立場です。

これは、縄文文化、古代ユダヤを含む神道、仏教、キリスト教、道教、儒教等々さまざまな教えを受け入れ、習合してきた日本、その原点たる淡路島においてこそ、受け継がれているように思われてなりません。

私は遺跡のご案内をさせていただくたびに、そのような淡路島のお役目を再確認させられているように感じます。

そんな古代イスラエルの遺跡とのご縁に加え、櫻井先生やFさんご夫妻のご助力によって桃の宮が継続されて、結果的に、白山さんや千代鶴さんのご遺志を継ぐことになりました。

そして、平成19（2007）年11月7日、紫苑の山の新たな開山による神縁の広がり……。

これもきっとご先祖の亀太郎さんが望んでいたのだと思います。

その後も、紫苑の山を中心に、神様のお導きとしか思えないような不思議なご縁が続いています。

特に、3・11の東日本大震災、福島第一原発事故後には、かつてアインシュタインが来日した際、密かに訪れたという徳島のゆかりの地に案内されたり、湯川秀樹博士とご縁のある方とも出会うなど、原子力問題について深く考えさせられる出来事が続きました。

また、千ケ峰トライアングルのポイントとなる玉置神社に呼ばれて、玉石を依《よ》り代《しろ》として十津川媛（菊理媛《くくりひめ》）をお迎えに行くなど、淡路島とご縁のある場所へもお参りしています。


それは今から7、8年前のゴールデンウィークのこと。

ある古代史研究会のメンバー（なぜか女性ばかり）が淡路島に訪ねてこられました。沼島に案内するつもりが、渡し船がちょうど出たばかり。次の便まで1時間30分もあるので、それなら先に諭鶴羽神社に急いで行こうとなりました。

メンバーは私を含めて8人。予定では当日5月5日解散となっていました。

神社の本殿でお祈りをしていたところ、友人が何かブツブツと言い出したので、耳を傾けてみると、

「私は十津川媛です。なつかしいふるさとの宮であるこの宮（諭鶴羽神社）へ私は帰りたい。どうか迎えに来てほしい」

と言っているではありませんか。

十津川媛とは、熊野の奥宮である玉置神社の白山社のご祭神で、菊理媛命（ククリヒメノミコト）として知られています。諭鶴羽神社は、元熊野宮なので、「あっ、そうか！」と合点がいきました。

淡路島から十津川までは車で片道4～5時間ほどかかる距離、私は翌日仕事があったので、ムリですと断ったのです。ところが、他のメンバーの方々が「私たちが皆で手伝うから」と勧められ、私ももう一度玉置神社には行きたい気持ちがあったので、皆さんの言葉に甘えることにしました。

その晩は早く寝て、早朝から本業の仕事を始めたところ、手際よく仕事が進められ、普段よりも早く午前11時30分には仕上がりました。

そして、いざ玉置へ。それまで確認する間もなかったのですが、玉置でお媛さまと言え

ば、まず菊理媛に違いないということで、まっすぐに玉置神社の末社である玉石社へ向かいました。

そこで下の道に落ちている玉石を拾ってポケットに入れ、乳岩の前でお祀りをし、「私たちは淡路島から貴女様をお迎えに参りました。どうかこの白い玉石を依り代にして淡路島へ一緒にお帰りください」と、同行した皆でお祈りをしました。時刻は夕方の6時頃でした。

そして、メンバーは熊野を後にして、京都の人、大阪の人と順に帰路につき、淡路島の洲本に戻って私一人となったのは午前2時になっていました。

メンバーの内で、「十津川媛を無事お連れすることができたのだろうか?」と疑問に思う人がいたため、どう確かめればいいか思案し、I君のことを思い出しました。

I君は淡路島在住の青年で、以前(2007年11月11日)、私が熊野の奥宮である玉置神社に初めて参拝した際、運転手役を務めてくれました。

そして、その時に、案内をしてくれた天邑夫妻に祝詞を奏上した後、神様からメッセージがあったかどうかを確認しました。それは天邑さんがいつも神様からメッセージを受け取っていたからです。

すると、天邑さんから、「今日は私ではなくて、あなたが連れてきたI君に降ろされたようよ」とのこと。そこでI君に訊ねたところ、彼は、

「メッセージはなかったけど、ドーンとすごいエネルギーを感じました。これから僕は神様の敷き石となってお手伝いをします」とひと言。

I君のことを思い出したのはそんな経緯があったからで、彼は映像制作の仕事をしているので、夜中でも起きているはずだと思って、電話をしました。

すると、電話に出たI君は、私が何も話をしていないのに、

「佳代さん、昨日の午後6時頃、何があったんですか？

わが家の神棚の鈴が鳴り、風が吹いてきて、以前、玉置神社の玉石社で拝した時と同じ感覚になりました」と話してくれたのです。

それはちょうど私たちが玉置の乳岩でお祈りをしていた時刻とぴったりで、「これで十津川媛のご帰還は無事成功した！」とホッと胸をなで降ろしました。

その後、5月10日の早朝にI君と一緒に諭鶴羽神社にお参りをして、諭鶴羽神社の奥宮12支所の奥にある小さな木の周辺に、十津川媛の依り代である白玉石を12個円状に並べてお祀りしました。

また、後日、そのことをまったく知らない淡路島の女性から、諭鶴羽山の山頂辺りで、菊理媛のお姿が見えたとのお知らせがあり、「ああ、確かに帰ってこられたんだ」と嬉しく思ったものです。

開山5周年を記念した地球再生プロジェクト

平成24（2012）年11月6、7日には、紫苑の山・開山5周年目を記念して、四国のメンバーたちと連動する形で「淡路・出雲・熊野　国生み・国造り祭り」が以下のスケジュールで執り行われましたので報告します。

祭典式次第
11月6日　会場：洲本市総合福祉会館
13：00〜14：00　受付
14：00〜18：00　歓迎レセプション
主催者あいさつとオリエンテーション

18：00～　懇親会

11月7日

8：00～11：30　紫苑山
11：40～12：10　味きっこうにて昼食
13：00～14：00　祈願祭　三上岳神社
15：30～18：00　祈願祭　歌舞奉納　伊弉諾神宮
18：30～　懇親会

またこの祭りを行うため、東京から生田百合子さんが何日も前から準備の手伝いをしてくださり、おお助かりでした。

当日は、総勢124人ほどが全国各地から淡路島に参集。

祭りの会場は、洲本市の総合福祉会館で、前日の雷や雨もやんで、すっきりと晴れ渡っていました。午後は、シンガーソングライターの大村和生さん、青木ヒメヒコ（裕&佳代子）ご夫妻の奉納演奏から幕が開きました。

その後、私がご挨拶をさせていただき、それまで語られることのなかった桃の宮の経緯についてお話しさせていただきました。九州や関東方面からかけつけてきてくださった参加者もいらっしゃいました。

翌朝は、わの舞を踊り、朝食後に2日目の参加者と合流して、みんなで紫苑の山へ。入口で亀太郎さんの祠にご挨拶をした後に、大麻《おおぬさ》でお祓いしてから山頂へと向かいました。

お宮の下の広場では、大村さんが、平和な社会に向けて、戦いを象徴する剣と核の炎を天に返還する火の儀式を行い、すべての武器を返還し、不戦を誓いました。そして、参加者全員が炎を中心に輪になって「むすんでひらいて」を合唱しました。

それぞれの宮で祝詞を奏上し、歌や太鼓、クリスタルボウル、ギターなどの奉納演奏をしていただき、その後、下の広場に降りて、わの舞メンバーが中央に位置してリードし、初めての人は外円でメンバーの動きを目で追うようにして、全員で舞いを踊りました。

昼食後は、近くの三上岳神社に移動し、参拝をした後で、藤原氏の御子孫であるFさんによる祝詞と大国常立神について説明していただきました。

続いて、淡路市多賀にある伊弉諾《いざなぎ》神宮に向かい、参加者全員が拝殿に座らせていただいて祝詞奏上を聞き、お祓い、伝承神楽である「扇鈴之舞」の奉奏、本名《ほんみょう》宮司さんからご挨拶をいただいた後に、国生み・国造り祭の歌舞《かぶ》奉納が行われました。

鶴寿賀《つるすが》先生のアマミ舞い、そして冨山喜子さんが前述した紫合光《ゆら》さんの和歌にメロディーをつけて朗々と歌い上げてくださり、それはそれは感動的でした。

初めは、全国の神社へ神歌の奉納をされているテノール歌手の鈴木哲也先生による「伊弉諾神宮讃歌」。続いて、アマミ舞創始者の花柳鶴寿賀《はなやぎつるすが》（鶴阿彌）先生による舞。冨山喜子さんによる歌「いざ希望（あけぼの）へ」。「大地の守り人」を歌いあげた大村和生さん。「月の舞い」と題し幻想的な舞を舞う舞踏家の倭瑠七《やまとるな》さん。「海を越えて」を太鼓を響かせながら歌ってくれた伊藤ひろしさん。「カタカムナ」の歌と舞を披露してくれた松岡里美さん、井上理映子さん。そして、ケルトハープを奏でながら、心に染みいる「アメージング・グレイス」を歌ってくださった中井麻呼さん。２００７年11月７日、紫苑の山で初めてのお祭りに参加してくださった青木裕・佳代夫妻が太鼓を叩きながら高らかに歌い上げ、それにインド舞踊のアミちゃんが加わり、くるくる目が回るほど楽しく踊ってくれました。

その後、静寂になり、大西恵子さんのクリスタルボウルの響きと共に、わの舞が始まりました。わの舞のメンバーでない参加者も大勢加わり、国生みという大業をなされたイザナギ・イザナミ二柱の神のみ前で、皆、無心で舞い、祭りはクライマックスに達し、参加者一同、二神に対し二礼二拍手をして、感動のうちに2日間にわたるお祭りを終えることができました。

こうして、淡路島に参集した面々は、新たな地球再生プロジェクトに向けて、決意を新たにしたことでしょう。

光の柱としての紫苑の山と龍族の目覚め

第6章

己の御魂《みたま》を磨き、神と共に働く

世界平和を願う皆様

皆様方の大いなるご協力、お陰をもちまして、古代からの祈りの場であった「紫苑の山」は、2012年11月7日をもって5周年を迎えます。

昨年の「3・11」から、熊野の豪雨、昨今も竜巻などが日本では発生しなかったはずなのに……。

世界のあちこちから地球の異変が報じられ、地球が悲鳴を上げております。

大地の守り人たる私たちが、この美しい青い星、地球に対し「ごめんなさい」を言い、早急に地球再生プロジェクトを立ち上げ、本来、人の内在するすばらしい叡智を結集し、行動する時ではないでしょうか？

この務めこそが、私たち誰もが宇宙創造主よりいただいた分霊《わけみたま》の気づきと発動となれますよう、願ってやみません。

ここに、国生み・国造り祭り、まつろいあうお祭りを、原点である布留辺《ふるべ》の里・由良にて行いたく、ご案内申し上げます。

神々と共に楽しく集《つど》い合いたいと願っております。

平成24年10月吉日　足玉《たるたま》

これは、前述した国生み・国造り祭りの際に用意した、私の挨拶文です。

布留辺（部）・由良という文言は、「十種《とくさ》の祓《はらえ》」という祝詞の中にも出てきます。

「天神《あまつかみ》の御祖《みおや》教え詔《みことの》りして曰《いわ》く若《も》し痛む処《ところ》有らば茲《こ》の十宝を令《し》て一二三四五六七八九十《ひふみよいむなやこと》と謂《い》いて布留部由良由良止《ふるへゆらゆらと》布留部」

「十宝」は十種の瑞宝であり、天孫降臨の際にニギハヤヒノミコトに授けられた十種の宝のことです。

ニギハヤヒノミコトは物部氏の祖先神で、「一二三四五六七八九十《ひふみよいむなやこと》」は物部氏が祀る石上神宮の鎮魂法です。この、「布留部　由良由良止　布留部」は、浄祓神事祝詞《きよめはらいかみごとのりと》でも3

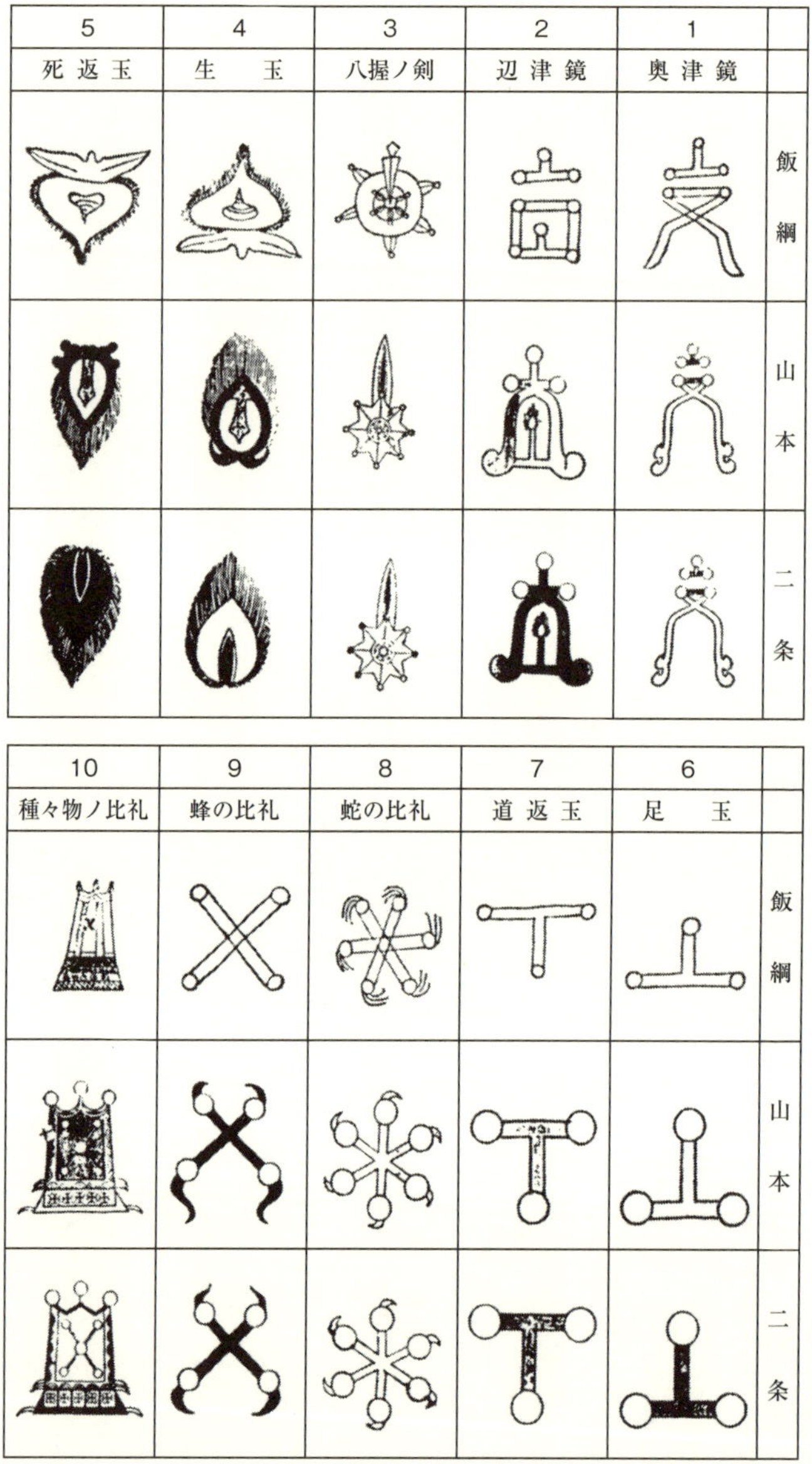

「飯綱本」「山本本」「二条本」の三つの古文書に記載された十種の神宝の図を比較したもの。『富士の古代文字』加茂喜三著、富士地方史料調査会より

度唱えられ、死者を甦らせるほどの効力を持つと言われています。

心身を清め、祓うことで、己の御魂を磨き、そして神々と共に楽しみながら共同で働く。

もちろん今もこの気持ちにまったく変わりなく、さらに時間的に余裕はないように感じられるので、その気持ちがより強まっているのが正直なところです。

「金龍使いの日本は兄、銀龍使いのワイタハは弟」とワイタハ族の長老は言った

ある時、通訳者の鈴木みほさんが、剣山の帰りにマヤ遺跡の研究者であるアメリカ人二人をお連れになり、皆で一緒に紫苑の山に登りました。

すると、そのお二人が山の斜面の石の置き方をしきりに見ていて、「この山は自然の山を使っての人工的なピラミッドだ。その手法はマヤの手法と同じです」といわれました。

その時、みほさんが剣山に向かう際、地元の博識な老人から、剣山は古い昔、もっと高い山で、頂上から全世界に向けて情報を発信していた場所であったことや、桃の宮の地軸の石として祀っている藻が岩になった石は大変貴重な石であることなどを教えてもらった

と伝えてくれました。

以前、ある女性から、「紫苑の山の検証をしなさい。まだまだ知られていない物語がこの山にいっぱいあるはずです」と言われていました。徳島の古代記憶を持っている方からは、縄文の巫女が宇宙に向けて「私たちの星にいらっしゃい」と発信した場所であるとの証言を得、また後述するように、ニュージーランドのワイタハ族の長老からは、宇宙から地球に来るマザーシップが目指す場所であるとも言われるなど、その証言は今も続いています。

かつて、事業で行き詰まって自殺をはかり、図らずも一命を取り留めたことから、「私は一度死んだ人間です。どうか私が手足となって動けるものなら動きますので、神様ができないことを私にさせてください」と神に誓ったあの日……。

それから、しばらく何の変化もなかったので、私には神様のご用はないのだろうと思っていたところ、平成11（1999）年になって、お坊さんを通じて8代前のご先祖様である亀太郎さんからメッセージが届けられ、私の神事が本格化したことはすでに述べたとおりです。

そんな個人的な体験とは別に、日本および日本人のお役目については、とりわけ、ニュージーランドのワイタハ族のポロハウ長老の言葉に勇気づけられました。

ワイタハ族の長老のことは、浅川嘉富《よしとみ》さんの『世界に甦った龍蛇族よ！』（ヒカルランド）という本を紹介されて、その本を読んで初めて知りました。

以前、マヤの研究家の人たちと一緒に紫苑の山に来ていただいたことのある鈴木みほさんから、ポロハウ長老が2011年の4月1日に淡路に来られると聞いて、心待ちにしていたところ、その2ヵ月前の2月22日に、ニージーランドのクライストチャーチで大地震が起きました。

「あんな大きな地震が起きたから来られなくなったのでは？」と心配して、コーディネーターであるワイタハジャパンの中谷淳子さんに電話をしたら、「震源地からは離れているから大丈夫、予定どおり行きます」とのことでした。

しかし、その1ヵ月後、3・11東日本大震災が起きました。再び中谷さんに確認したところ、すでに地震の前日、3月10日に東京に入っていて、11日には皇居にいたそうです。

こうして、ポロハウ長老が無事淡路島に来られて、鈴木みほさんが通訳をしてくれて、いろんな話を聞かせていただくことができました。

ワイタハ族は元々シリウスに住んでいて、天体的な事情から他の惑星に移住することになった時、巨大な宇宙船で地球に降りたったそうです。その時の、宇宙船の中には、現在の日本の源流となる習俗もあり、また数種類のドラゴン（龍）たちも乗っていたのだそうです。

ワイタハ族は、その龍の中の銀龍で、日本は兄に当たる金龍。そして、淡路島はニュージーランドと関係が深いことから、ワイタハ族の人々は長い間淡路島に対して祈りを捧げてこられたそうです。

ポロハウ長老が今、この時期にニュージーランドからはるばる日本に来た理由は、私たちの身体の中に龍がいるということを思い出し、目覚めさせ、その龍の力を借りて、今この日本を新しい世界へ建て直すことを促すためでした。

そして、何よりも日本で再びこうして龍のファミリーと再会できたことが大きな喜びだとおっしゃっていました。

ワイタハ族は１４５０年頃に日本との国交が絶たれ、行き来できなくなったそうです。長老の祖父母は、「必ず未来でまた再び交流できるときが訪れるであろう」とポロハウ長老に夢を叶えてくれるよう希望を託して、この時を待っていたのだそうです。

長老は現時点で5回も由良へ出向いてくれております。4回目の際、私は「なぜこの由良へ何度も来られるの？」と質問しますと「ここ紫苑の山は宇宙から地球へ向かう際、マザーズシップが目指す場所。まず紫苑の山へ来て、それから剣山へ移動します。この大切な場所、紫苑の山を佳代さんが護ってくれていることに深く感謝します」と言われました。

その際あまりのことの重大に、他人《ひと》には言えないままでした。前述した、徳島の古代の記憶をもった女性の出現により「私たちの星にいらっしゃ〜い」と呼んでくれた、はるかはるか昔の縄文の日巫子《ひみこ》の存在が判明したのでした。

そして、長老は何度も「どうか龍のことを話す勇気をもってください、必ず存在しているということを、その自分を信頼してください」とも。

私たちの中の龍のエネルギーが、目覚め、記憶を取り戻し、龍とともに日本を再建する。

これは、ある時、無意識に私の口をついて出てきた次の言葉とも符合します。

その言葉はムーの女王様からのもので、

「私たちは文明が進むだけ進んだけれども、人の心がそれについていけず、そのために海に沈んでしまいました。あなたたちはこれから大変大事な地球7度目の立て替え時期を迎えますが、どうか私たちと同じ道を歩まないでください」という内容でした。

長老によると、ワイタハ族の祖先は、最初はイルカとのコンタクトを大切にして、その後、ムー大陸を住処《すみか》として日本人の祖先とともに平和なレムリア文明を築いたそうです。

その後、日本人の祖先はムー大陸の端、日本列島にかろうじて生き残り、いったんエジプトに集合した後、シュメールやイスラエルの地に移った人々がいました。また一方、ワイタハ族は、最終的に神々によって南太平洋を渡ってオーストラリアを経て、水の豊富なニュージーランドへと導かれたそうです。

つまり、ワイタハ族の祖先と日本人の祖先は、レムリア時代の仲間でもあるわけです。長老は、紫苑の山のことを、「大事な場所を祀ってくれてありがたい」と言ってくださり、その後、淡路でもドラゴン・スクールを催してくれました。

ドラゴン・スクールとは、「人がその魂とともに未来歩むべき宿命の道筋」を意味する言葉で、自然界のあらゆる存在とコミュニケーションする方法を学び、木や鳥、精霊に話しかけたりするそうです。

平成25（2013）年の7月14、15日には、ワイタハジャパン主催の縄文・葦舟祭りのイベントにも参加させていただきました。

ニュージーランドの先住民もかつては葦舟を造って太平洋を航海していたようです。アカルプロジェクトの葦舟職人・西川さんと池内さんらをはじめ、鈴木さんやわの舞の人た

儀式を執り行うポロハウ長老

紫苑の山へ向かい祈りを捧げるポロハウ長老

葦舟（イースラーヤー号）に乗る魚谷氏

ちと一緒に葦舟を制作し、それを担いで海に浮かべることができました。

長老は、淡路に来るたびに私に話をするように時間を取ってくれ、一度長老が熱を出した時には代わりに講演を頼まれたこともありました。

毎回、夕食会を開いてくださり、まるで誕生日会のようにプレゼントやケーキなどを用意して、楽しい時間を過ごし手厚く接してくださって、とても心温まるお人柄に癒され、勇気づけられました。

長老がいつも言われるのは、「日本は本家で私たちは分家。本家にご挨拶に来ました。日本は金龍の国、私たちは銀龍使いです」という言葉です。

その言葉を聞くたびに、はたして私たち日本人は金龍としてのお役目をちゃんと果たしているだろうか？　と自問自答し、少し恥ずかしい気持ちになります。

日本人として、龍としての力を、どのように、どれだけ発揮しているか？

長老によると、そもそも龍とは、創造主が生み出したいくつものエネルギーの総称です。国や人を守護することも使命の一つである一方で、人間のような善悪の価値観を持たないことから、そのエネルギーを正しく使うか、あるいは誤用するかは、あくまでも使う人間の意識の問題だと言います。

つまり、良い方向に使うことができる反面、人によっては相手を攻撃したり、争いなどに悪用もできるということです。

言い換えれば、その力、エネルギーを光の柱として用いるか、それとも、怖れや不安を煽り、人々をコントロールするために使うかの違いです。

だからこそ、私たちは、まず、宇宙創造神の分霊としての自覚を持つ必要があるのではないでしょうか？

龍のエネルギーを争いや我欲のために使うのではなく、己の御魂磨きのために、そして人や社会と調和するために用いる。

それこそが、霊的な覚醒、本当の目覚めであるはずです。

神座としての天地の元宮も、言うなれば、それを促すための光の柱でもあるのです。

これまで、「佳代さんのような優柔不断な人を、神様は嫌う。だからあなたはもっと白黒はっきりしなさい」などと批判する人もいました。

でも私は、ポロハウ長老が言うように、対立や争いではなく、調和や平和のためにこそ、自分の中の龍が働いてくれると信じています。

この「争わない」ことの難しさ……。

そのために私にできることは、紫苑の山のエネルギーを少しでも他の場所へとお届けすること。

創造主、元津神の意識と響きあうことによって、本当の神の多くの依《よ》り代《しろ》が完成するからです。

これまで、私なりの方法で、剣山の大剣神社や沼島のおのころ神社などに元津神の意識を入れに行ったり、眠っている神様を起こしていく努力をさせていただいております。

これは、この肉体をともなった行動が大事で、手足を持たない神との共同作業。そのために私たちはこの世に生まれてきたともいえるのです。

「すべての宗教の大元は一つ、神は一つ」
——日本を新しく建て直すための祝詞

紫苑の山を訪れる方々は、神道や仏教、キリスト教などの既成宗教にとらわれない、宇宙に開かれた意識をお持ちの方がたくさんいらっしゃいます。

その意味では、宇宙エネルギーをご本尊としている京都の鞍馬寺などと同じような、新しい時代の聖地としての役割があるのかもしれません。

天地の元宮でみなさんをお迎えするお役を務めさせていただいている私としても、「すべての宗教の大元は一つ、神は一つ」という視点に立っております。16代将軍のお孫さんに当たる伴光刀自《ばんこうとじ》が神から教わった祝詞をS女史を通じて教わり、今様にアレンジしながら祝詞を挙げさせていただいております。

伴光刀自は、江戸時代後期の平田篤胤《ひらたあつたね》、橘守部《たちばなもりべ》、小山田与清《おやまだともきよ》とともに「天保の国学の四大人《しうし》」と呼ばれ、神道の「鎮魂伝」を記したことで知られている伴信友の子孫に当たる方に徳川家からお嫁に行かれたのです。

伴家は皇室とご縁が深く、伴光先生は嫁ぎ先の伴家に伝わる家宝の掛け軸をかけた瞬間に神がかったそうです。神名は「大日靈貴（オオヒルメムチ）」様。アマテラス大神の裏御魂のようなご存在で、伴光先生はオオヒルメムチの神様から未来に起きるいろんな出来事を教えてもらったそうです。

伴光先生は戦前元皇室の教育係でもあり、その伴光先生が遺された祝詞をS女史が継承し、その後、縁あって私もS女史からその祝詞を教えていただいたというわけです。

三つのお宮では、それぞれ異なる祝詞と歌を奏上しています。いずれも元津神に加えて歴史の中で埋もれていた（ある意味で封印されていた）神々の名を唱え、伴光先生から授かった祝詞を唱えさせていただいています（以下にご紹介するのはその一部です）。

たとえば、神々のお名前としては、

末代日王天之大神、上義姫大神、義理天上日出之大神、龍宮乙姫大神、日出生魂大神、金龍姫大神、八大龍王大神、金山姫大神、祓戸四柱之大神、神威助勢之大神、素戔嗚大神、少彦名大神、大海竜王大神、饒速日之大神、菊理比売大神、伊弉諾・伊弉冉之大神を始め、萬国一之宮之大神、木曽御嶽之大神、国土守護産土之大神　等々。

私が「天地之元宮祝詞」の中で「御霊《みたま》振りなさしめ給《たま》いて神ながら神惟《かんながら》の大道《だいどう》に進ませしめ給えと畏《かしこ》み畏《かしこ》み申す」のフレーズが大好きで「どうか自分の進むべき道を違《たが》えないようにお導きください」とお祈りしております。

また、淡路島は弘法大師・空海とご縁がある場所でもあり、宇宙語が降りてくる四国の知人から、空海さんからのメッセージを受けた時に、「古事記や日本書紀だけでなく、もっと前の歴史の文献を学ぶように」とのお言葉から、「ホツマツタエ」や「相似象《そうじしょう》」「潜《せん》象道《しょうどう》」（カタカムナ）などの学びも少ししています。

ホツマツタエは、古代大和ことばで綴られた一万行に及ぶ叙事詩で、記紀の原本との説があります。その中には、「アワ（天地）の歌」も含まれていて、この歌は、イザナキ・イザナミの時代に、民の言葉が乱れたのでそれを直すために歌われたと伝えられています。

一方、「相似象」は、それよりも古い時代、高度に発達した文明を築いていたカタカムナ人（日本に住んでいた上古代人＝アシア族）が遺したとされる図象文字で表された宇宙の理（潜象物理）で、昭和の物理学者・楢崎皐月《ならさきこうげつ》さんによって昭和29年に世に出されました。

いずれも、大和朝廷が成立するはるか以前、「文字がなかった」とされる時代の超古代の文献で、カタカムナ文字は、48音からなる日本語の原型と考えられています。

このカタカムナ文字が、後に記紀万葉の時代に万葉仮名となり、『古事記』などに記され、さらに仮名文字の『古今和歌集』として現れるとともに、現代にも「五七五文芸」として引き継がれているのです。

カタカムナ人としての直観を示した「カタカムナ　ウタヒ」（廻り祝詞）

ヒフミヨイマワリテメクルムナヤコトアウノスヘシレカタチサキ
ソラニモロケセソラニモロケセユヱヌヲオハエツヰネホンカタカムナ

また、一般にはあまり知られていない、「アジマリカン（アヂマリカム）」という、太古より山蔭《やまかげ》神道に伝えられている秘伝の神呪も唱えさせていただいています。

神呪看経《じんじゆかんきよう》（古文）

今唱《とな》え奉《まつ》るアヂマリカムは
天来《てんらい》の称言《しようげん》なれば今謹《つつし》んで
（姓）の（名前）伊《い》
天を拝し地を礼して

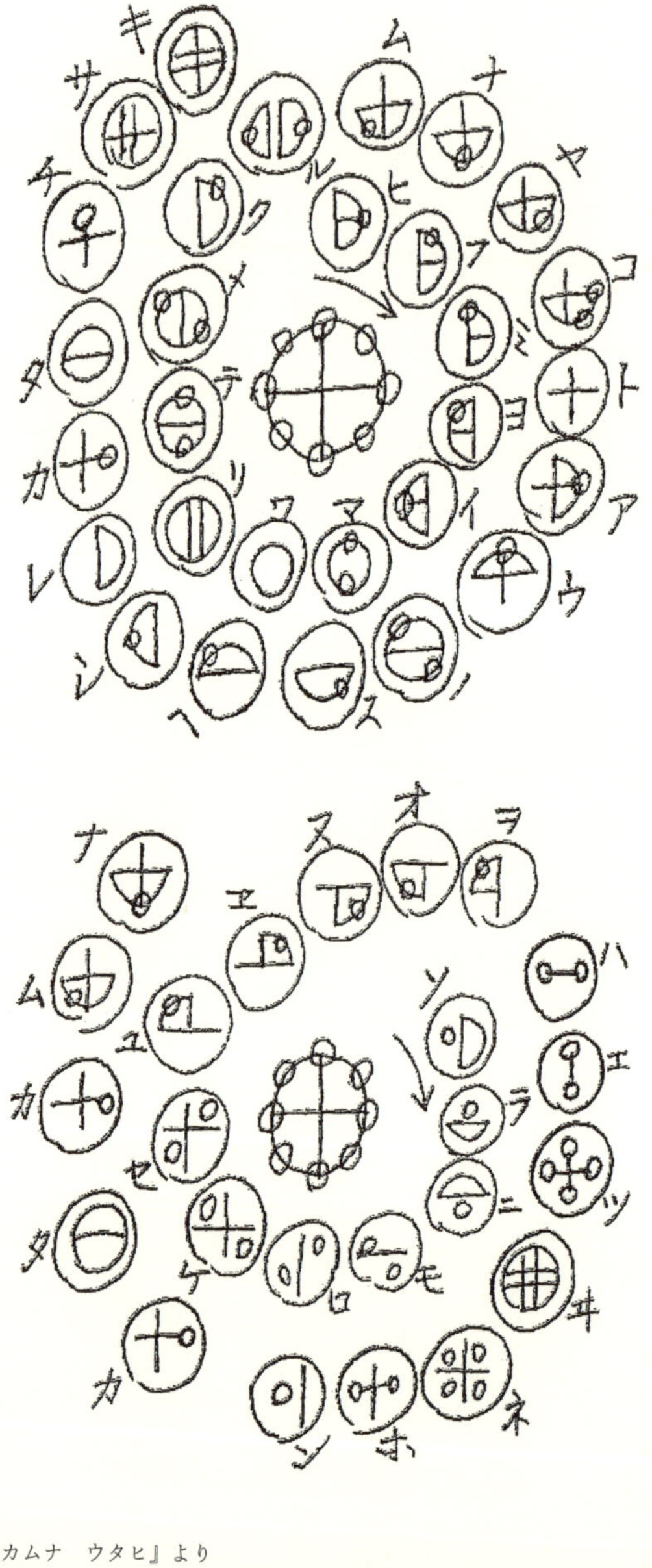

廻り祝詞『カタカムナ　ウタヒ』より

畏《かしこ》み畏《かしこ》みも唱《とな》え奉《まつ》るのを
御心も和しと聞召せ
至眞至誠《ししんしせい》　一心奉禱《いっしんほうとう》
神通自在《じんつうじざい》　神力深妙《しんりきしんみょう》
感応速通《かんのうそくつう》　如意随願《にょいずいがん》
決定成就《けっていじょうじゅ》　無上霊法《むじょうれいほう》
神道加持《じんどうかじ》　太元元気《だいげんげんき》
玄妙至真《げんみょうししん》　至誠《しせいの》　妙諦《みょうたい》

アヂマリカム（10回5回）　50回

祝詞は、日本人の太古の記憶を呼び覚まし、神の分霊としての働きを引き出す働きがあり、その意味で、天地の元宮祝詞は、これからの日本を新しく建て直すための祝詞として奏上させていただいている次第です。

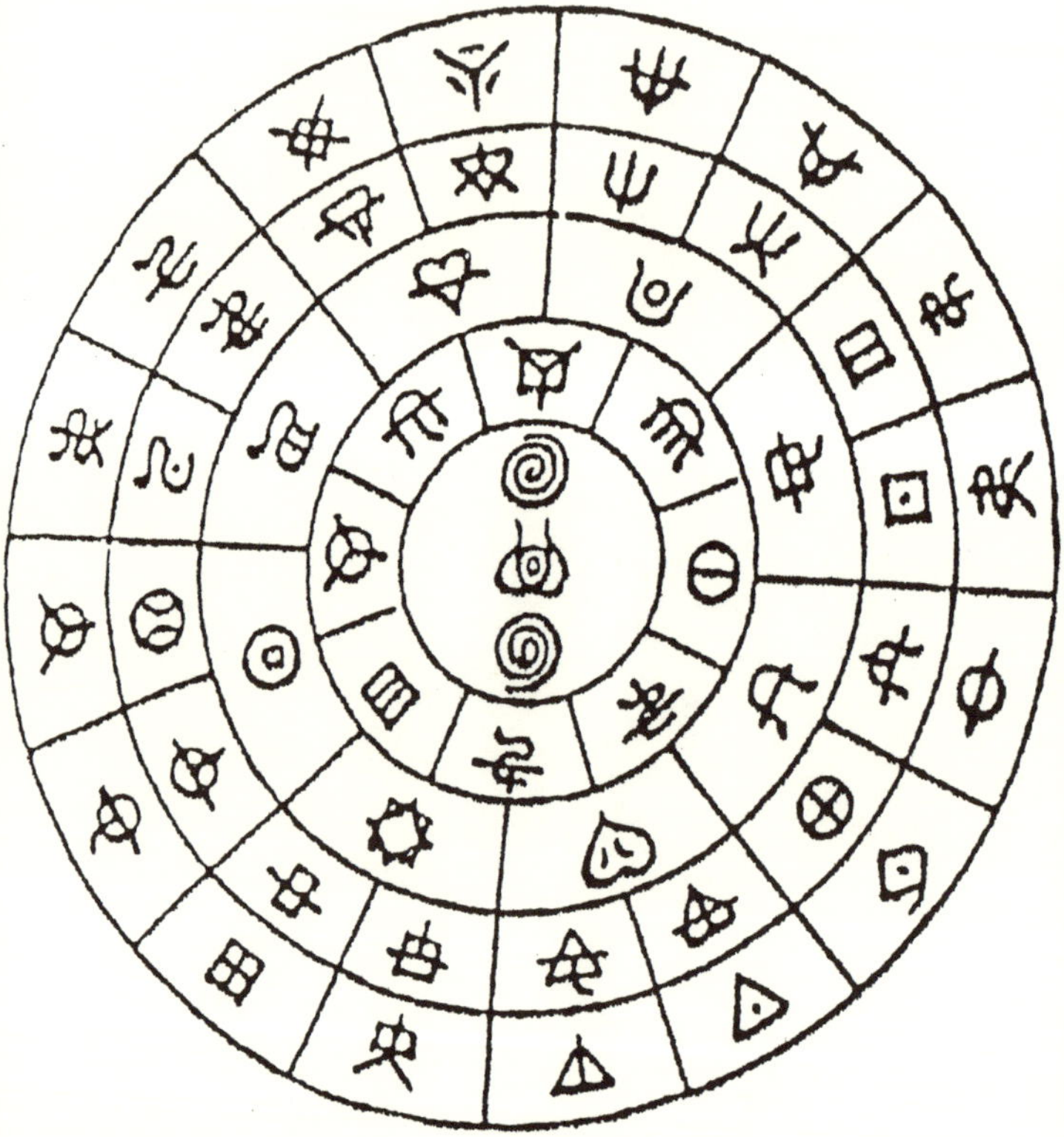

太占《フトマニ》図（古代の占いの原典）

はじめにことばありき、ことばは神と共にありき

「はじめにことばありき、ことばは神と共にありき」。これは聖書にあるヨハネ（四八音《よはね》）の福音書の一節です。

そうこの「ことば」こそ、日本の四十八音《よとやこと》なのです。前項の「カタカムナ廻り祝詞《のりと》」、ホツマツタエの「天地《アワ》のウタ」「ひふみ祝詞」「いろは祝詞」すべて48音でできています。

太占図《フトマニ》（古代の占いの原典）しかり、ことばの原型である48柱の神を顕《あらわ》しているのです。

私たちが使っていることば（日本語）は神に通じる、宇宙に通じると言われている真の意味はこういうことなのです。だから遠い遠い古代から使われている日本語、このことばを使う日本人は、とてもお役目が大きいのです。

第7章

すべての人の霊的覚醒と地球再生に向けて

7度目の立替の時期が来る時、暗闇に光を放つ14万4000人

紫苑の山の入口にある、亀太郎さんの祠には「三十二」という文字が刻まれています。

最初、この32は何を現している数字なのかわからなかったのですが、「何か亀太郎さんからのメッセージに違いない」と思って長年かかってその謎解きをすることになりました。

その謎を解く鍵は、橘香道さんの著書の中にありました。

香道さんは、玉置山とご縁が深く、浜本末造という名前で、『万世一系の原理と般若心経の謎』や『人類は生き残れるか 日本に秘められた真言を解く』などの著述を残しています。

ある日、私が香道さんの本を読んでいたら、その著書の中に次のような言葉が出てきて、ハッとしました。

「人間には32種類の御魂がある。その人たちがそれぞれ4500人ずつ集まって（32×4500＝14万4000人）、この14万4000人の清い御魂《みたま》を用いフトマニの渦で地球の狂った気を正しく戻す」という記述です。

要するに、地球を救うには14万4000人の清い御魂が必要だということで、亀太郎さんはこれを後世に伝えたかったに違いありません。

なぜそう断言できるかというと、つい最近、『淡路の神秘』を読み直そうとページをめくってみたら、ちょうどそのページに次のように記されていて、これはまさに亀太郎さんが教えてくれたとしか思えないからです。

さて、これから先はどう行むだらよいでせうか。「その心配には及ばない。神業に当るべき人材は用意してある。」と。聖師は、この預言を遺して昇天されたのであります。考へるまでもなく、天のエルサレム（平和神）の、雛型を地上に移す大神業が、一人や二人の少人数で出来るものではない。

ヨハネ黙示録を見ても、

視よ羔羊《こうよう》（こひつじ）シオンの山に立ちたまふ。十四万四千の人、これと偕に居り、

その額には

羔羊の名及び羔羊の父の名記しあり

とありますから、そのうちにこれ等因縁の用材が集って、全世界国家建設といふ大神劇を始めて呉れるであらうと、高を括って納っていることの出来ないのは、差迫った今日の問題、発掘した古代イスラエル文化遺跡の歴史科学的の実證であります。

これは、王仁三郎さんが、みろくの世を築くためのご神業は、14万4000人のみ魂の働きによって成し遂げられるということを予言していたのです。

さらに、私が祝詞を習ったS女史からも、これからは「7度目の立替の時期が来る」とのご神示が師匠である伴光刀自によって遺されている旨、お聞きしました。

伴光先生が受けたご神示によると、これまで地球の危機を回避するチャンスが6度あったけれどそれが叶わなかった。そこで、今回はいよいよ本番で、この危機を乗り越えられれば地上天国が叶う。つまり、7度目が成功すれば、未来永劫、立て替えはない、神代のことは心配いらない、とのメッセージを受けられたそうです。そこで私の役目は人材集めのためのただアドバルーンをあげればいいのだと悟らせてもらいました。

伴光先生も、王仁三郎さんと同じく、世の立て替え・立直しのためには、ある一定の数の目覚めた人たちが必要で、覚醒した人たちが共につながりあうことを期待し、かつそれを予測していたようです。「心して7度目の本番に備えてほしい」と切に願っていました。
私は縁あって、伴光先生が遺された禊祓《みそぎばらい》の祝詞を継承させていただいていることもあり、紫苑の山を訪ねてこられる方々に、いつもこのお話をさせていただいています。
話は少しさかのぼりますが、今から2年程以前、淡路の古文書の中に三上嶽神社について次のように書いてあるのを発見しました。

当社は三原郡加茂村三上ヶ嶽に鎮座。伊弉諾・伊弉冉の二尊を奉祀す。往昔豊受大神《とようけのおおかみ》天より淡路国三上嶽に降る。三十二神これに従ふ。のち丹波国與謝《よさ》郡眞井原《まないはら》の宮に遷《うつ》り、倭姫命《やまとひめのみこと》又、これを伊勢渡會《わたらい》の宮に移す……。天地麗氣記に見ゆ、之《こ》れに依《よ》るも三上柱は日本最古の宮なることを知るべし……。

橘香道さんのいう、三十二の魂《みたま》の大元《おおもと》は、この32神から始まったのではないだろうかと思われます。また、この「32」神＋《プラス》「1」神（豊受大神）で三十三観音となったのではないだろうかと推察《すいさつ》する次第です。

お山を長い間お借りしていたF氏は、この三上嶽神社の再興を強く希望しており、私も協力したいと願っております。

日本とユダヤのむすび――宗教という枠を超えた宇宙時代の新たな神話

紫苑の山の大きなお役目の一つに、日本とユダヤの統合に向けての祈りがあります。日本とユダヤの関係が、今再び注目されている本当の理由は、私は次のように捉えています。

私たち日本人の中には、「唯一の創造神を信じる古代ユダヤの信仰」と、「万物に神が宿っているという古代日本の自然信仰」が融合する形で共存している。その陰陽和合、結びあう心が、あらゆる宗教の壁と限界を超えて人類共通の誠の祈りになり得るからではないか、と。

私たちの中には、ユダヤの血と日本人の血が混じっています。ということは、私たち自身が、イスラエル・ユダヤと日本の友好の象徴だということです。

ユダヤ人は男性性、日本人は女性性とするならば、まさに陰陽和合です。

日本は、その陰陽の二つが融合した形、だから「ニホン」なのではないかと。

これは、心と体、聖と俗、神事と経済の結び、融合でもあります。

また、あらゆる宗教に対して、その本質は一つであり、地域や時代によって教えの表現方法が違うだけ、そのように捉えられるのは、私たち日本人の柔軟さ、賢さではないかと思います。

だとしたら、王仁三郎さんが唱えていた「万教同根」「万教帰一」の精神は、既成宗教の壁を超えた世界平和の原理になるはずで、日本人のお役目はそれを世界に向けて発信することではないでしょうか？

「万教同根」とは、すべての宗教は元は一つ、すべての宗教におけるあらゆる神は呼び名は違っても本来同一のものである。だから、真理に目覚め、お互いに垣を取り外して手を握り合うとする考え方です。

「万教帰一」とは、すべての宗教は突き詰めれば一つの教えに帰るということで、王仁三郎さんの影響を受けた谷口雅春さん（生長の家の開祖）が唱えていました。

それは愛や慈悲といった教えであり、ユダヤも日本もそのように共通するすばらしい伝統的な教えを大事にしてきたはずです。

たとえば、エルサレム神殿は、もとは「幕屋《まくや》」と呼ばれる移動式のものです。その構造は、聖所・至聖所・拝殿に分かれていて、神殿の前には賽銭箱があり、祭壇には灯りをともす常夜灯、脇には手を洗う水盤があるなど、今の日本の神社の構造と極めてよく似ていたそうです。

さらに、神社の鳥居は、ヘブライ語アラム方言で「門」という意味で、古代ヘブライの建物の玄関口と瓜二つだそうです。また、伊勢神宮の参道の石灯籠にカゴメ紋（六芒星）が刻まれていることもよく知られています。

要するに、日本においてイザナキ・イザナミの二神が信仰していたのが、古代ユダヤ人たちにとってのヤハウェ、すなわち、唯一の創造神であったわけです。

ということは、幕屋と呼ばれる神殿は、本来は世界の宗教が一つになるためのものであったはずで、その意味において、古代日本の神社も本来はそのためにこそ築かれるべきものだったのかもしれません。

万物に霊が宿るとする縄文時代からの自然信仰（アニミズム）、そして、弥生時代に築かれていった「神ながらの道」、さらに道教や仏教、儒教などを融合する形で育まれていった「万教同根」「万教帰一」という大らかな信仰心を心の底に持ち続けている日本人。その日本人の大和魂とは、大きく和合心《やはす》。

だからこそ、太古においては縄文人が祈りを捧げた場であり、後には古代ユダヤ人にとっての新天地となった淡路島に、陰陽和合による国生み・国造り神話が生まれたのではないかと思います。

もし、これから地球上に本来の意味の神殿（神座）が築かれるとしたら、それはユダヤ人だけのものでも、また日本人だけのものでもなく、民族や宗教の壁を超えた全人類にとっての世界平和を祈念し、一人ひとりがそのための行動を決意する場であるべきでしょう。

それは決して絢爛《けんらん》豪華な巨大施設である必要はなく、もしかしたら、同じような働きを持つ小さな神座が世界各地にいくつもできるのかもしれません。

いずれにしても、そこは天と地をしっかりとつなぎあわせ、内なる神性を開いて、世の暗闇を照らす光を放つ柱となるはずです。

今、私たちが生きている時代は、環境問題や原発、あるいは世界経済にしても、その影響は、はるかに民族や国境を超えて、地球全体に及んでいます。

これはある意味で、私たちがこれからどのように平和で調和した地球文明を築いていけるかという大きな転換期に入っていて、残念ながら時間的な余裕は残されていません。

自然を活かした多様な生命との共存、平和で調和的な社会、そして地球文明の輝かしい発展——そのためには、宗教という枠を超え、次なる宇宙時代にふさわしい目覚めた人たちが神座に集い、つながりあう必要があるのではないでしょうか。

誰もが宇宙創造主の分霊《わけみたま》であることを世界に向けて発信する

もちろん、いろんな宗教があってもいいし、どれが良い、悪いということもありません。よく言われるように、山は一つでも、山頂に登るルートは数多く存在するようなもの。人それぞれ、地域や文化によってそれぞれふさわしい宗教が生まれ、それを必要とする人たちが大切にしてきたものならば、それなりに大事な意味があるからです。

ただ問題は、他の宗教を否定したり、序列をつけて排他的に扱ったりすることです。地域紛争やテロ、戦争にまで宗教が利用されてしまうことを避けねばなりません。

本来、人の幸せと人類の平和を願う宗教が、なぜ争いの原因となってしまうのでしょうか？

それはおそらく、巨大に組織化することによって利権や権力が生じて、組織のトップの人たちが本来の目的とは違う方向を向いてしまうからでしょう。

しかし、その組織の末端には一生懸命に生きている信者の人たちもたくさんいて、神仏の心に叶うように、日々努力精進しているはずです。

つまり、一部の指導者のエゴや政治的、経済的な思惑がからまることで、宗教本来の目的と外れてしまう恐れがあるのです。

現に、これまでの人類の歴史は戦争が絶えませんでした。宗教的な対立がその大きな原因であり、ここに宗教の光と影が見えます。

これから、私たちが一つの地球の仲間として、全人類が家族として仲良くやっていくためには、宗教という枠を超えたつながりをしっかりと持つことが大事です。

そのためには、私たちの意識を宗教の一段上に置くこと。それが宇宙創造神である元津神を祀る理由であり、紫苑の山においてもそのシンボルとしてお祀りしているのです。

すべての存在の生みの親、宇宙創造神に感謝を捧げ、その思いに応えられる人間に成長できるよう、内なる神性、仏性を発揮していく。それが分霊としての私たちの役割であり、使命だからです。

だからこそ、過去においても、この世を照らし続ける創造神の光を忘れないために、それぞれの時代や地域にあった教えが天からもたらされたのではないかと思います。

それを一つの言葉で現すとしたら、「一神多教」という言葉がふさわしいかもしれません。唯一の神の元に生まれた多くの教え。そこには決して優劣はなく、誰もが兄弟姉妹のようなもの。たった一つの真理と表現における多様性があるだけです。

宗教間の争いをなくすために必要な教えは、「万教同根」「万教帰一」「一神多教」。

これを自分自身に課すと同時に、世界に向けて発信できるのは、ユダヤの血を引き継いでいる私たち日本人です。

一神教も多神教も、すべて一つの神から生まれた教え。

一つの山に登るルートは数多くあっても、目指しているものは同じ。

おそらくは、DNAの中に、それが深く刻まれているのが私たち日本人だからです。

さらに遡《さかのぼ》れば、ホツマツタエやカタカムナのように、超古代における世界の文化の中心は日本です。日本から世界各地に散っていった人たちがそれぞれの地域で文明を築いた後、サケが生まれた川に戻ってくるように再び日本に帰還したという説もあります。『ガイアの法則』の千賀さんの説と符合する点も見逃せません。

相似象・カタカムナの場合は、1万年以上前の日本から中国大陸に渡ったカタカムナ人が、道教のもととなる易学、道学、医学、神仙道などを生み出し、それが後に道教として日本に逆輸入されたとの説があり、カタカナの起源でもあるとされています。

かつて文明の中心地であった世界最古とされるシュメール文明も、そのルーツを辿ると超古代の日本であったと感じております。

日本神話とシュメール神話が似ていることはよく知られていますが、両者を比較すると、日本神話のいくつかの神々の話が、シュメール神話では一つの話であるケースが見られ、これも、日本に最初からあった神話と、後にシュメールから逆輸入で入り込んだ神話とが混在したことを示しているのではないでしょうか。

あなた方の天皇家の祖先は、大元は西回り周期の135・0度の時代の後に日本から出た叡智集団をその起点としている。我々もそうなのだ。

太古の叡智集団は、その叡智を永久に保持することを願って、【聖なるリズム】に従い、周期的に移動を繰り返した。

シュメールも、計算の上で、あの場所を選び、文明を開始させたのだ。

自然界に春夏秋冬があるのと同様、闇雲に繁栄ばかりを求めることは、自然のリズムを失い、取り返しのつかない破壊へと至ることを我々は知っていた。我々はその叡智を、聖なるシンボルと共に受け継ぎ、子孫へと伝えてきたのだ（『ガイアの法則Ⅱ』より）

このような説についての真贋《しんがん》は、もちろん私にはわかりません。

ただ、元来日本人は、さまざまな文化・文明の根幹にある一神教や多神教、アニミズム（自然信仰）をすべて内包する大らかさを持っているのは確かではないでしょうか。

一神教、多神教、洋の東西の枠を超えて、「誰もが宇宙創造主の分霊である」ことを発信し、自らもそのように生きることが、みろくの世を確かなものにしてくれるはずです。

また、一人ひとり大事なお役目があるので、それに気づいて、自分の足場をしっかりと踏み固めながらそのお役目を着実に果たしていくのが何よりも大切なことだと思います。

私たちの肉体そのものが神の宮。

神様には手足がありません。だから、神と人との共同（協働）作業です。

それができれば、普通の人の霊的覚醒と地球の再生も決してムリな話ではないはずです。

そのためにも、ご先祖様にも精霊たちにもご協力をいただいて、私たち肉体を持つものたちに力を注いでいただけるよう、感謝とともに誠の心、真心を込めて日々祈り、行動すること。

そのように一人ひとりが、神の御心に対して真摯に生きていくことによって、今の困難な状況を乗りこえて、7度目の本番を成功裏に導くことになるでしょう。

いざ、希望《あけぼの》へ!!

力を合わせ、共に生き抜きましょう。

あとがきに代えて――偉大なる太陽の国シオンよ、目を醒ませ！

神の計画に導かれて

平成25（2013）年12月2日に、私は仕事の関係で茨城県つくば市へ出向くことになりました。

途中時間があれば本を読もうと思い、1冊の本を手にして自宅を出ました。

とはいえ、その手にした本を自分で買った記憶もなければ、他人からもらった覚えもなく、どうして手元にあるか不思議だな？　と思いながら……。

その本の著者は芹沢光治良《せりざわこうじろう》、書名は『神の計画《はからい》』でした。

道中、バスの時間待ちの間、パラパラと読み進めていくうちに、なぜ自分がこの本を手にしたかがわかりました。

畏《おそ》れ多くも、私が初めて自分の本を書くという大業に戸惑い、躊躇《ちゅうちょ》する心がちらほら見え隠れしていた当初、この本と出会い、その内容にとても感銘を受けたことから、出版させていただく覚悟ができたからです。

この『神の計画』は、昭和63年7月に発行されていました。

本書によれば、当時92歳の著者が、神から50歳の肉体にするから、神の心を伝える書物を何十冊も書くのだと言われたとのことでした。

そして、それまではいつ死ぬかを考えていたはずなのに、毎晩よく眠れて、健康の爽快さを知ったとも。

著者曰《いわ》く、私にはもう年齢はなく、毎朝誕生して今日が1歳だと思って平安な日々を送っているとのことでした。

そして、少し自分の耳が遠いのは、「神の声が聞きやすいように」との神の計らいであるとも……。

お会いしたこともない大先輩の導きに、感謝にたえない思いでいっぱいです。

私自身は、昭和21（1946）年生まれで、かろうじて「戦争を知らない子供たち」世代、いわゆる団塊の世代なので、戦争体験がありません。

そんな私が、この本によって次のような事実を知り、貴重な知識を得ることができました。

それは、著者である芹沢さんが、1951年にフランス・ローザンヌの国際ペン大会に出席し、その帰りに遭遇した出来事です。

芹沢さんたち日本人一行が乗る予定だった帰りの飛行機のエンジンが不良のため、イスラエルのテルアビブ空港に不時着陸し、ホテルに泊まった時、ユダヤ人の夫婦から声をかけられたそうです。

当時は、何世紀もの間祖国を追われ、他民族の迫害に苦しんだ世界各地に住むユダヤ人たちが、「資力あるものは資力を、技術あるものは技術を」と祖国へ戻り、祖国再建に奮闘中だった頃で、そのユダヤ人も例外ではなかったようです。

芹沢さんたちは彼らから、「あなた方は日本人ですか?」と訊ねられ、「そうだ」と言い終えると、「私どもは戦前、3年間神戸で暮らしていました。日本人は私たちをとても大事に扱ってくれ、決して迫害はしなかった」と言ったそうです。

また、「心やさしく勤勉な日本人はきっと敗戦から立ち直って、日本とイスラエルが必ず繁栄して、平和で神の求める地上天国になる日を期して、またお会いしましょう」と言って、そのユダヤ人夫婦と熱い握手を交わしたと、そう本には書かれていました。

これは、まさしく、本文中で取り上げた昭和27（1952）年に白山義高さんと武智時三郎翁によって書かれた『淡路の神秘　エル、エロへ、イスラエル』に記述されている内容とまったく同じ主旨です。

すなわち、洲本市菰江のホテル四州園にある古塚を発掘した際、「これは古代ユダヤ遺跡に間違いない」と断言した、GHQの大佐であり、ユダヤ教の大司教でもあるローゼン師の話です。洲本の第2小学校で開かれた講演会に於いて次のように語っているのです。


ユダヤ人は虐殺され、迫害を受けながらもなお、神を信じ、国から国をさすらい歩きました。

今や太陽はイスラエルの上に、昇り始めました。

預言者の言うとおり祖国は再建されました。

今、日本も戦争に負け、古い日本帝国は亡び、新しい日本皇国が再建されました。

日本人は古い歴史と文明を持った国民です。

私は日本は絶対にユダヤ人を迫害しなかったことを知っています。

この新しい日本と、新しいイスラエルとが相提携すれば、いかに強力なものになるでしょう。

世界に平和と幸福をもたらすものは、この二つの国旗であります。

ごらんなさい。太陽と星とであります。

太陽は昼の世界を照らします。この星は夜を司る司令者なのです。

全世界がなやみの時は、この暗黒の世界を導いていくものは星であります。

太陽も世界に正義の観念を与へます。

この二つがお互いに手を組んで進んで行こうではありませんか。

偉大なる太陽の国シオンよ、目を醒ませ。

その努力と貢献は必ずや世界に平和と幸福をもたらすでありましょう。

このローゼン師のスピーチは、万雷の拍手と絶賛のうちに終わりました。

出口王仁三郎聖師も、生前、「この遺跡が、イスラエル10部族が日本へやってきたということの最大の歴史的な物証となるであろう」とおっしゃっていたそうです。

また、この遺跡の発見当時、兵庫県知事もそれを祝うために副知事を派遣しました。さらに、関東大震災時に東京の市長を務め、国会議事堂周辺の地名が彼の功績によって永田町になったことで知られる永田秀次郎氏（淡路島の南あわじ市倭文《ひとおり》生まれ）も祝辞にかけつけたと聞いています。

こうしたことからも、淡路島のユダヤ遺跡に対して、当時は人々の熱い注目が注がれていたことが窺えます。

約2700年前に来日したユダヤ人

ここで、改めてユダヤ遺跡についての私見を述べさせていただきます。

今から約２７００年ほど前、ユダヤ王国が滅亡した際、世にいうイスラエル10部族が、鮭が生まれた川に戻ってくるように、母なる国、日本へ帰ってきた。菰江の遺跡はその証であるというのが私の考えです。

イスラエル10部族は、陸路（シルクロード）や海路などのさまざまなルートと長い時間をかけて東方の国・日本を目指し、最初に到着したのが、沼島、淡路島だった。

彼らは、葦舟の大船団で日本に向かい、一部は沖縄へ、一部は山口県へ、また他の一部は京都の丹後半島へと辿り着いた。そして、大多数は淡路島の沼島に辿り着き、灘海岸を経て由良から遺跡のある菰江辺りに落ち着いて暮らし始めた。

そして、土着の民と融合しながら生活し、それが国生み神話となって引き継がれていった。

そんなふうに私は推察しています。

いずれにしても、菰江の遺跡は最大級で、淡路島において22番目の遺跡と言われています。

地下に裂けた岩盤を利用して、そこを火で焼いて「女陰」を形づくり、まるでイザナミとカグツチの物語のように……。

このように、この遺跡はお墓ではなく、葦舟で航海の途中に亡くなってしまった多くの同胞たちを海に葬り、その人たちの鎮魂と、残った者たちの「産めよ増やせ」と子孫繁栄を願ったシンボル的な祭壇だと考えるのが自然ではないでしょうか。

魂は同魂

話は変わりますが、2014年1月、ネパールからサプマタ・ケサップさんという方が訪ねて来られ、「日本の東北の支援に3回目に訪れたが、どうしても淡路島に来たいと思っていた。今回やっと念願が叶ってやってくることができました」と言われました。

彼が言うには、瞑想している時に前世の自分が見えたそうで、それは淡路島の岩屋に生まれた人物で、父はイザナキ、母はイザナミという名前だった。

「僕は葦舟に乗せられて流され、対岸に着いて生活をしていたようです。日本の古い物語でこのようなお話はないでしょうか？」と真顔で訊ねられたので、私は驚きを隠せませんでした。

私は、「日本の古い文献、『古事記』の中にありますよ。あなた（前世）はヒルコさんですね。もっと古い『ホツマツタエ』では、別名ワカヒメといって、とても美しい和歌を詠んで妹君のスクナヒコナ様とともに国造りに貢献された方なのですよ」と答えました。

すると、彼は私の手を取って、

「私は自分はネパール人と思って生きてきましたが、私たちは同じDNAを持った同胞ですね」と、とても喜んで帰っていきました。

この彼やワイタハ族のポロハウ長老のように、顔、形は私たち日本人とは違うように見えても、魂は「同根」なのだと思います。

人類は皆、兄妹。だからこそ、お互いに争いのない幸福で平和な世界へ誘《いざな》いましょう。

ひふみ朋子さんが神から受けたメッセージにも、

「この世に神の世、天国移せよ　神の降り立つ宮を設けて　日々に感謝の祈り　ささげよ」とあります。

また私の友人の紫合光《ゆら》さんに降りた神からの和歌にも、こんなすばらしい言葉が記されています。

希望《あけぼの》や
神国《シオン》の民《たみ》よ
十六《いざ》　目覚《めざ》め
真光《ひかり》のみてや
汝《な》が　魂《たま》を
情熱《あつ》き真《まこと》で
輝《ひか》らせよ

神ぞ　導く
民こそは
日の出　愛《め》でたる
民なれば
和合心《やはす》の
清《さや》かなる
世界平和ぞ
礼拝《いの》る民

2013年10月11日　紫合光

最後になりましたが、名もなき私の体験談を出版へと導き、そして絶妙なタイミングで形にしてくださったヒカルランドの編集者である小暮周吾様、並びに石井健資《たけし》社長様に心より厚く御礼申し上げます。千賀一生様には、すばらしい序文を寄せてくださり感謝いたしております。

また、いつも私に和歌のメッセージを送り続けてくださる友人の紫合光さん、ひふみ朋子先生、今回多大なご尽力をしてくださった小笠原英晃様、ＢＯＯＫＳ成錦堂の湊 格《みなとただし》様、陰ながらいつも私の応援をしてくださっている多くの方々に深く感謝申し上げます。

魚谷佳代

平成26（２０１４）年１月

増補新装版のためのあとがき——世界に発信された淡路ユダヤ遺跡

元駐日イスラエル大使コーヘン氏も注目

おかげさまで、本書の初版を刊行（２０１４年）以来、たくさんの方からの反響がありました。シオンの山に参拝していただいた方は数え切れません。お忍びでいらした国内外の有名人もおられました。霊的に縁のあるかたが集まることで、「地球立て替え」のための準備が着々と進んでるのかもしれません。時空を超えた魂のつながりを感じております。本業の傍らに案内しておりますので、対応できずに失礼してしまった方もいるかもしれません。

本書を刊行してからいちばんの記念すべきできごとをまずお伝えしたいと思います。

２０１７（平成29）年5月14日に開催された「古代ユダヤ遺跡65周年の記念式典と祭典」です。菰江のユダヤ遺跡発掘65周年と、イスラエル建国69周年を祝い、そのイベントはインターネットを通じて世界に発信されました。成田亨氏の協力のもと、イベントは大成功のうちに終えることができました。

元駐日イスラエル大使のエリ・コーヘン氏、伊弉諾《いざなぎ》神宮宮司の本名孝至《ほんみようたかし》氏にも参列いただきました。

明石市出身の西村康稔《やすとし》衆議院議員からは、次のようなメッセージをいただきました。

国生みの島、淡路島において行われる祭典が、今後の日本とイスラエルの友好の柱となりますこと、そして本日の記念講演、祭典を契機とし、より多くの方々が歴史、史実に興味を持ち、日本遺産に認定された淡路島を訪れ、その魅力に触れていただくことにより、さらなる活性化につながることとご期待もうしあげます。

エリ・コーヘン氏は、自身の本のなかで、この日のイベントのことを詳しく紹介してくださっていますので、少し抜粋させていただきます。

2017年5月14日(日)の
イスラエル建国69周年の記念日に
淡路菰江古代ユダヤ遺跡発掘65周年を記念して
記念講演会と
伊弉諾神宮・出雲大社による祭典を執り行います
URL:http://www.komoeiseki.com/69/
2017年5月14日(日)
記念講演
13時〜 洲本市文化体育館(文化ホール)
伊弉諾神宮・出雲大社による祭典
17時〜 淡路菰江古代ユダヤ遺跡
直会(懇親会)
18時30分〜 夢泉景
データ確認用の見本印刷
2017年5月14日 イスラエル建国69周年記念
淡路菰江古代ユダヤ遺跡発掘65周年
記念講演会・伊弉諾神宮による祭典
出雲大社様でも同祭典を同時進行していただけています
Program
主催:淡路菰江古代ユダヤ遺跡奉賛会
協力:木下学(ホテルニューアワジグループ代表)
2017年5月14日 イスラエル建国69年
淡路菰江古代ユダヤ遺跡発掘65年周年
淡路全図
1952年10月14日洲本市第二小学校講堂での講演会
ユダヤ人の歩んだ道
大司教 T・ローゼン

式典のパンフレット

淡路島での催しは、淡路菰江古代ユダヤ遺跡奉賛会（魚谷佳代会長）の主催で行われました。

私は五月一四日の早朝に東京を発ち、新幹線で新神戸まで行って、出迎えてくれた関係者の車で淡路島に向かいました。

最初に訪れたのは、遺跡のある「ホテル夢泉景」でした。奉賛会の魚谷会長に案内されて、遺跡の祀られているところを訪れました。

しかし、遺跡は、もともとあった場所から移動され、ホテルの一角に祀られていました。

私は、もともと遺跡のあったところを見たいと言って、魚谷会長にその場所に連れて行ってもらったところ、そこは、ホテルの建物の下にあり、コンクリートと土に囲われた空間のようなところでした。

私は、一人にさせてほしいと言って所払いをお願いし、その場所に立ってみました。心を鎮め、神に祈り、この地に来たとされる古代イスラエルからの訪問者を感じることができるか、試みたのです。しかし、残念ながらその時は、渡来した古代イスラエル人の霊の存在を、感じることはできませんでした。
シンポジウムの会場は、洲本市文化体育館文化ホールという、かなり大きな三階建ての大ホールでした。私は控室に通されて、そこで淡路菰江古代ユダヤ遺跡から発掘された石や指輪などを拝見しました。驚いたことに、漬物石のような丸い三〇センチほどの石には、ヘブライ語が書かれていたのです。日本中の「ユダヤの遺跡」とされるところは、大使だった頃から、ずいぶんといろいろなところを訪れてきましたが、ヘブライ語が書かれている石を、実際に手にして見たのは、初めてでした。
ほどなく、もう一人の講演者である伊弉諾《いざなぎ》神宮の本名《ほんみょう》孝至《たかし》宮司もお越しになられ、樋口季一郎中将が、この地で生誕されたと教えていただき、びっくりすると同時に、イスラエルと淡路の不思議な絆に思いを馳せたものでした。

（中略）

シンポジウムでは、「日本を知る会」の國分孝一氏による法螺貝の演奏、ソプラノ歌手の倉原佳子氏による国歌「君が代」とイスラエル国歌の独唱、楢崎《ならさき》醍剛氏による「天皇を護る」ものとされる秘伝の「剣祓い極典の儀」の演武、倭瑠《やまとる》七《な》氏他倭巫《やまとみ》女舞《こまい》の女性たちによる「月舞い」、「あわうた・あわフラ」の演舞などが披露されました。

（『元イスラエル大使が語る　神国日本』エリ・コーヘン著、藤田裕行訳・構成、ハート出版、2018年より）

コーヘンさんがその日、英語で行った講演の一部を同書より紹介します。

私は、一九八六年から、日本全国をまわって、ユダヤの遺跡などを直接目にしてきましたが、ヘブライ語が書かれた石を目にしたのは、初めてでした。

実に数多くのユダヤの伝統にまつわるものが日本に存在し、私もそうした場所を訪れました。その体験から、私はユダヤ人がはるか昔に日本列島にやってきたということを、確信しています。

（中略）

私は専門家ではありませんので、この石を鑑定することはできません。ぜひ、専門家による鑑定をしていただきたいと思います。そしてこの石（に書かれたヘブライ語）が、二千年、あるいは二七〇〇年前のものであると判明すれば、古代にユダヤ人が日本に来ていた重要な証拠となります。なぜなら、そこにはヘブライ語が書かれているからです。

私の人生の大きな目的の一つは、日本とユダヤの強い絆をつくりあげることです。私は、偶然というものを信じません。偶然のようなことが起こったとしたら、それは天の何者かが、そうしたことを意図的に起こそうと計画したから起こるのです。

一九五二年に、淡路島の菰江古代ユダヤ遺跡が発掘されてから、今年で六五周年を迎えます。

ユダヤ教のラビ、T・ローゼン師が、この遺跡は古代ユダヤの遺跡であると認定してから、六五年を経たわけです。

一九五二年という年は、日本とイスラエルが外交関係を樹立した年でもあります。日本は、アジア全体の中で、最初にイスラエルと国交を結んだ国なのです。日本の政治リーダーたちが、日本とイスラエルの深い絆というものを感じていたことは、明らかです。(同書より)

「日本神話で初めて誕生した島に、古代ユダヤの遺跡があるというのは、実に意義深い」というコーヘンさんは、次のような興味深い推察もされているので紹介します。

紀元前七二二年には北イスラエル王国が滅亡し、ユダヤ人は「イスラエル国歌」に歌われるように、「東の果て」を目指して大きな民族移動　を始めたとされています。いわゆる「古代イスラエルの失われた一〇部族」のことを指しているのですが、それからほどなくして、東の国・日本で、神武天皇が初代の天皇として即位していることには、不思議な思いを禁じ得ません。

皇紀という天皇の暦でいえば、二〇一八（平成三〇）年は、皇紀二六七八年にあたるのです。古代の北イスラエル王国が滅亡したのが、紀元前七二二年ですから、いまより二七三九年前のことになります。

北イスラエル王国の崩壊から六二年後に、東の国に「神の子孫」とされる初代天皇が誕生し、現在まで天皇の皇統が継承されてきているのです。

もちろん初代天皇の即位の年代は、神話のことですから、史実とそのまま認定することは難しい面もあるでしょう。しかし、実に興味深い、偶然の一致」ではないでしょうか。（同書より）

当日の様子は、『ムー』2017年8月号（ワン・パブリッシング）でも「淡路島で発見!! 古代ヘブライ語が記された指輪と丸石の謎」として紹介していただきました。

同記事によるコーヘン氏の推察では、石に書かれた文字はベブライ語で「ガル・コディッシュ」と発音し、「聖なる石山（立石）」もしくは「聖なる波」を意味するものだとのことです。

余談ですが、由良は漁師町にもかかわらず、不思議と宮中・公家の言葉が残っております。例えば、お父様を「おもうさま」、お母様を「おたたさま」、お手洗いに行くことを「はこをする」などです。普通の家庭でも母親のことを「ははじゃびと」と言います。魚をたくさん捕る漁法には、「テングリ」がありますが、ヘブライ語では「神さま」の意味だそうです。

「スの元」（州の本）から世界に広がる光

この日のイベントでは、私もご挨拶をさせていただきました。その内容は、本書でも述べられていることでありますが、紹介させていただきます。

はるか遠い昔、２７００年以前、イスラエル王朝が滅亡し世に言う「失われたイスラエル十支族」の人々は神に「当方の日の出づる島々へ行け」といざなわれ、葦舟の大船団を組んで、東方（日本）を目指したのでした。

葦舟は舵が取りにくく、波まかせ風まかせで、一部は沖縄へ奄美大島へと、また一部は九州の海域から山口県の油谷湾当たりに、そして日本海側の丹後半島へとたどり着きました。

一方、多くの葦舟は黒潮海流に乗って淡路島の沼島から灘海岸、由良、菰江（現在の古茂江）辺り一帯へたどり着き、新天地での生活を始めたようです。

途中、多くの人々が亡くなりましたが、葦舟に乗せておけず海に葬られました。菰江の海岸べりを掘り、地下の岩盤の裂け目を利用し女陰（ホト）をほどこし、それを覆うための石棺の蓋にはイスラエルの印があったとのことです（本書のカバーや章扉にも使われたマーク）。

またこの遺跡は海とつながっている場所があり潮が満ちると海水が入るように作られており、道中、仕方なく海へ葬った多くの同胞の御霊の鎮魂と、生き残った人々の

〝産めよ増やせよ〟との繁栄を願ったシンボル的祭壇であったものと推察いたします。そして海はひとつ、鹽盈珠《しおみつたま》・鹽乾珠《しおひるたま》の原理により同胞の御霊同志が集合できたことでしょう。

出口王仁三郎氏より託された白山義高氏は、昭和27年（1952年）10月14日にGHQの大佐であり、ユダヤ教の大司教でもあるT・ローゼン氏を招き合図の旗を掲げ、発掘調査を行ないました。

この時、この遺跡は間違いなく、古代ユダヤ遺跡であると証明されました。その後、洲本第二小学校において講演会が開かれ、「世界に幸福と平和をもたらすのはこの二つの国旗であります」「偉大なる太陽の国シオンよ目を醒《さ》ませ!!」と敗戦に打ちひしがれた日本国民に勇気を与えてくださいました。

あれから65年を経た本日、記念式典を執り行いここに記念碑として残します

平成29年　2017年5月14日

淡路菰江古代遺跡奉賛会　一同

次に、この日の祭典に参加されていた東京の神保町の老舗の紙屋（株式会社山形屋紙店、創業明治12年）の女将さんに降ろされた和歌を二首紹介いたします。

今ぞここ
合図の旗は　交差され
縁《えにし》の人々　集いたる
魂《たま》の導き　さまざまに
人よ促し　今ぞここ
よろこび満ちて　集いたる

長き時空の旅の果て
スの元（洲の本）集うは大いなる
意志なりしことと　知るべしや

交差されたる　旗の元
その交点に兆したる＊
真なる光　ますますに
あまねく世界に広がりぬ
（2017年5月14日）［＊メビウスの輪のように反転して内部に入り込み、無限遠点が生じる］

とうとうたらり
ゆらの戸は
ゆらりゆらゆら
開きてし
いづやいづ＊
イズラの民と倭の民は
元《もと》つひとつと　知りてこそ
今ここ合図の旗掲げ

世に統合を知らしめて
寿《ことほ》げ　佳き代の始まりを＊
（2017年5月14日）［＊戸から出るの意、イズラにかかる掛詞］［＊魚谷佳代に掛けている］

シオンの山を契機にして、より多くの魂が集い、平和な世の中が実現していくことを願ってやみません。

地球の平和を願って

じつは、本来なら私は、二〇二四年の五月にユダヤ遺跡にて、お祭を行う予定で、エリ・コーヘンさんにも内諾をとっておりました。しかし昨年の10月末からイスラエルで戦争が始まりなかなかおさまらず、洲本市文化体育館の予約をキャンセルした次第です。理想と現実のギャップに苦しみます。

私もかろうじて、戦後生まれです。しかしながら、戦後のつらい時代も知っております。

第二次大戦で日本は数えきれない多くの方々を亡くしました。

与謝野晶子さんが出兵する弟に「君、死にたまふことなかれ」と言っておられましたが、第一次大戦、第二次大戦、今や第三次大戦と突入しそうな状況です。なぜ戦うことばかりするのでしょうか。

私たちの住む地球は、私たち人間の所有物ではありません。人間が戦争ばかりを起こし、地球温暖化も、自《みず》ら起《か》こしているのです。

宇宙を見渡しても私たちの住む地球ほど多くの命の住むすばらしい星はありません。鳥は鳴き、花が咲き、蝶《ちょう》が舞う地球、私たち人間は、神様から霊長《れいちょう》類として生命《いのち》をいただいております。

霊《れい》の長《おさ》なのです。多くの生命《いのち》の長なのです。六度目の地球は恐竜の時代、七度目の立替は、私たち人間自身で治《おさ》めなければなりません。

ローゼン大使も言っていた、古くから続く2つの民（日本）を中心として、国籍を超えた地球人として皆で智恵と力を出し合ってエイヘイヤ・アーシェル、エイヘイヤー（神と人とが協力し合い、これ以上楽しいことがあるでしょうかという、至福の時）。七度目の地球大立替、地上天国への道を歩むのです!!

この地球《ほし》に天降《あも》りし縁《えにし》
神に問《と》ふ
すべての答へ汝《な》が内に
思ひ出さむや　今ぞ刻《とき》
何《なむ》のためにぞ　生《う》まれきて
何のためにぞ　去りゆかむ
何ぞ学ばむ　生まれきて
何のためにぞ　去りゆかむ
何ぞ学ばむ　生まれきて
何ぞ学ばむ　去りゆく日
七度《なたび》の地球《ほし》の大進化
今こそ刻《とき》ぞ　目覚《めざ》めたる
地球《ほし》の再誕生《さいせい》　イザヤイザ
神ぞ　汝《な》が内《うち》　坐しまして

喜怒哀楽《きどあいらく》の　日並《ひなみ》をば
幾世《いくせ》の時代《ときよ》　見《み》たまひて
汝《みまし》　真《まこと》の名《な》ぞ呼《よ》ばむ
すべての事象《こと》に意味のあり
すべての事象《こと》に刻《とき》のあり
まことなる愛（天意）ぞ学ばむ
そのために
生く日の足《た》る日生《ひい》かされむ
久方《ひさかた》の光の道ぞ通《とお》りゃむせ
たらちね（父母）の愛なる道ぞ
通りゃむせ
幸《さきば》ひの　歓喜《かんき》の道ぞ
通りゃむせ
通りゃむせ　通りゃむせ〜
〜希望《あけぼの》紫合光《ひかり》〜

増補新装版のための著者から聞いたこぼれ話——編集部記

第6章の中に、平成25(2013)年7月14、15日の2日間、淡路島洲本市由良にある生石《おいし》の海辺で行われた、アカルプロジェクトの葦舟職人・西川さんと池内さんらを中心とした葦舟神事の話が出てきます。

ニュージーランドの先住民ワイタハ族のポロハウ長老らも参加されたこのイベントで、本書の著者である魚谷さんは、ある参加者からとても重要な話を聞かされたと言います。

その参加者とは3人連れの若者たちで、魚谷さんとは初対面、どこの誰なのかは知らなかったものの、葦舟に一緒に乗り合わせた時、彼らは魚谷さんに向かってこのように話かけてきたそうです。

「あなたが魚谷佳代さんですか?」

「はい、そうです」

「あなたがイザヤさんを助けようとした7人の聖女の中の一人ですよ。この辺りに辿り着いたのは、主にナフタリ族の人たちで、彼らがここから国づくりを始めた……。このことが世界の歴史の基本になるので、この歴史の真実をまとめて、ぜひ映画にしてください」

彼らは魚谷さんにそれだけ告げて、その場を去って行きました。

魚谷さんは、ポロハウ長老からも「私たちがシリウスから地球を目指して来た時、この山から光が出ていた。かつてこのシオンの山で祈りが捧げられていた」と聞かされてこの地が特別な聖地であると再確認していたのと、若者たちの話を聞いた時、自分の中でも(なぜかソレを知っている)という感覚があったと言います。

だとすると、古代イスラエルからはるばる日本を目指して淡路島までやって来たナフタリ族の7人の聖女の一人が、魚谷さんの過去世ということになります。

であるならば、魚谷さんが蕪江の岩場にあった古代イスラエルの遺跡を残すために地主のホテルに直談判し、そして現在のシオンの山に新たに祭壇を設け、今もなお縁ある人々と共に世界人類の平和の祈りを捧げている理由も頷《うなず》けます。

魚谷さんは、以前、地元の友人が発行している古事記の研究誌に寄稿を頼まれた際、淡路島が「国生みの島」と呼ばれる理由について、自身の魂の記憶として投稿しています。

以下の文章が、そのときの魚谷さんの寄稿文です。


【淡路島がくにうみの島と言われる理由《わけ》】


聖書のイザヤ書の記述によりますと、今から2700年程前、北イスラエルの人々はアッシリアに、南ユダの人々はバビロンの奴隷となっておりました。

ある朝、神の兵隊によって、アッシリアの兵は一人残らず全滅し、北イスラエルの民は自分の身となったのです。

そこで神はイザヤに申し伝えました。

あなた達は元のカナンの地に帰るのではなく、東の日の出づるところ（日本）に神が用意した島々がある。皆で葦舟をつくり、そこへ行って新しい国生みをせよ、と…。

皆は、それぞれ大きい葦舟、小さい葦舟をつくり、東方へと旅立ったのでした。

途中、嵐にも会いながら、大勢が亡くなりました。

死体を葦舟に乗せておけず、海へと葬ったのでした。

途中、沖縄にも奄美大島にも、また、九州を北上して日本海の方へ、山口、島根、出雲、丹後半島へと。

しかしながら、一番多くの人々は、黒潮に乗りますと、淡路島の沼島、由良、菰江にと辿り着いたのでした。

生き残った人々は、菰江の海岸辺りの地下にお墓のようなシンボル的祭壇をつくったのでした。

そして、生き残った人々は、「産めよ、増やせよ、地に満てよ」と繁栄を願ったのです。

この一連の国生みという大業の先頭に立ち、イザヤ様は一代で礎をつくられました。

そして、その亡骸の御陵（みささぎ）は、淡路市多賀一宮の伊弉諾神宮に古来よりずっとお祭りされております。

わが日本という国は、なんとすばらしい歴史を保有する国なのでしょう。

洲本市由良　魚谷佳代　拝

シオンの山の中腹

儀式を行う著者（写真提供：Yasumin）

読者のみなさまへ

紫苑《しおん》の山・天地の元宮は、一般的な神社ではありません。

通常1月はお休みで、2月から毎月7日を参拝日とさせていただいております。

参拝日以外では、事前にFAXにて連絡をいただいた方で都合のつく場合のみご案内していますが、できるだけ参拝日にて参加してくださいますようお願いいたします。参拝希望の方は予《あらかじ》め左記までご連絡をお願いいたします。

連絡先FAX番号　0799－27－2591
あなた（参拝希望者）のお名前、電話番号、FAX番号、携帯番号をご明記の上、FAXにてお知らせください。

＊紫苑の山参拝に関するお問い合わせは、ヒカルランドでは対応いたしかねます。

紫苑の山

魚谷佳代　うおたに かよ
昭和21（1946）年、淡路島洲本市由良に生まれる。
地元の洲本高校を卒業後、兵庫県芦屋市の田中千代服装学園を経て、ニット服のデザイナーとしてニットウエアの会社に勤務。自身がデザインしたニットのワンピースが大ヒットしたこともある。
その後、実家の食品関連の仕事に従事。2004年から株式会社味きっこうの代表を務める。1999年に高温高圧調理法で長期保存食を製造する装置を完成させ、2012年に財団法人安藤スポーツ・食文化振興財団より「発明発見奨励賞」を受賞。常温で長期保存が可能な無添加無菌パック食品の製造販売を行う傍ら、紫苑の山・天地之元宮を中心として、新たなみろくの世を築くためのさまざまな活動を続けている。

＊本書は2014年６月に刊行された同名書籍の増補新装版です。

〔増補新装版〕淡路ユダヤの「シオンの山」が
七度目《地球大立て替え》のメイン舞台になる！

第一刷　2024年9月30日

著者　魚谷佳代

発行人　石井健資

発行所　株式会社ヒカルランド
〒162-0821　東京都新宿区津久戸町3-11　TH1ビル6F
電話　03-6265-0852　ファックス　03-6265-0853
http://www.hikaruland.co.jp　info@hikaruland.co.jp

振替　00180-8-496587

本文・カバー・製本　中央精版印刷株式会社

DTP　株式会社キャップス

編集担当　小暮周吾

ISBN978-4-86742-408-7

低温熟成玄米ごはん「佳の舞」

名称：米飯
商品説明：体の元気を取り戻す、もちもちの低温熟成玄米ご飯！
原材料名：淡路島産を中心とした有機栽培米を使用、玄米、あずき、黒米、藻塩（淡路島産）
アレルギー成分：なし
内容量：200g
賞味期限：1年（直射日光を避け、常温保存してください）

【お召し上がり方】

温めなくても美味しく食べられるよう工夫して作っています（非常食扱い商品）。温めてお召し上がりいただく際は……
■電子レンジの場合（500W～600W）：内袋に2、3箇所小さい穴をあけ、約1分～1分30秒加熱してください。加熱直後は熱くなりますのでお気を付けください！
■湯せんの場合：沸騰したお湯の中に内袋をそのまま入れ、約3～4分温めてお召し上がりください。

キヌア雑穀玄米ごはん

名称：米飯
商品説明：今話題のキヌアを製品化しました！　NASAも注目しているキヌアは、栄養価が高くバランスのとれた食材で、カルシウム・マグネシウム・鉄分を多く含み、ダイエット・美肌効果と女性の大きな味方です!!　アンデスの「金の穀物」と呼ばれるキヌアは、ボリビア政府から妊産婦の方々に体力をつけるため無償で配布されるようです。
原材料名：玄米（国産）、5分づき玄米（国産）、赤米（国産）、黒米（国産）、キヌア（ボリビア産）、もちきび(国産)、もちあわ(国産)、藻塩(淡路島産)
アレルギー成分：なし
内容量：200g
賞味期限：1年（直射日光を避け、常温保存してください）

【お召し上がり方】
■電子レンジの場合：内袋に2～3箇所小穴を開けて、約2分間加熱して下さい。
■湯せんの場合：沸騰したお湯の中に、内袋をそのまま入れ、約5～6分温めて下さい。

忍者食（玄米ピラフ）

名称：米飯
商品説明：にんじん・青豆・コーンに淡路島の玉ねぎをたっぷり入れ、コンソメ味に仕立てて食べやすくしました!!
原材料名：玄米（国産）、赤米（国産）、黒米（国産）煎り大豆（淡路島産）、味噌、藻塩（淡路島産）
アレルギー成分：なし
内容量：200g
賞味期限：1年（直射日光を避け、常温保存してください）

【お召し上がり方】
温めなくても美味しく食べられます（非常食推薦）。
■電子レンジの場合（500～600w）：内袋に2～3箇所小穴を開けて、約1分～1分30秒加熱して下さい。
■湯せんの場合：沸騰したお湯の中に、内袋をそのまま入れ、約3～4分温めて下さい。

忍者食（ひじきごぼうごはん）

名称：米飯
商品説明：淡路島の海岸で採れたひじきをたっぷり使用しています。ひじきにはミネラル・ビタミン類・カルシウム・マグネシウム・リン・鉄分、そして食物繊維が多く含まれ、血行促進・貧血予防などたくさんの効能があります。
原材料名：玄米（国産）、赤米（国産）、黒米（国産）煎り大豆（淡路島産）、味噌、藻塩（淡路島産）
アレルギー成分：小麦、大豆
内容量：200g
賞味期限：1年（直射日光を避け、常温保存してください）

【お召し上がり方】
忍者食（玄米ピラフ）と同上

ご注文はヒカルランドパークまで TEL03-5225-2671　https://www.hikaruland.co.jp/

＊ご案内の価格、その他情報は発行日時点のものとなります。

ヒカルランド　好評既刊！

地上の星☆ヒカルランド　銀河より届く愛と叡智の宅配便

龍神脳の遺伝子が
ついにSwitch On！
著者：櫻井喜美夫
四六ソフト　本体1,843円+税

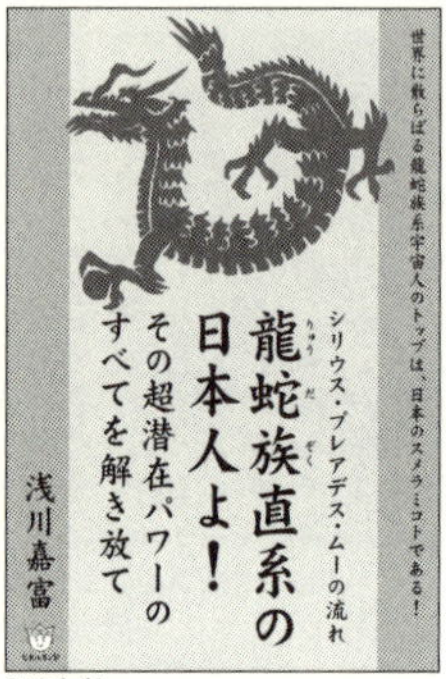

龍《りゅう》蛇《だ》族《ぞく》直系の日本人よ！
著者：浅川嘉富
四六ハード　本体1,800円＋税

世界に散った龍《りゅう》蛇《だ》族《ぞく》よ！
著者：浅川嘉富
四六ハード　本体2,200円＋税

本当は何があなたを
病気にするのか？ 上
著者：ドーン・レスター＆デビッド・パーカー
訳者：字幕大王
推薦：中村篤史
A5ソフト　本体5,000円+税

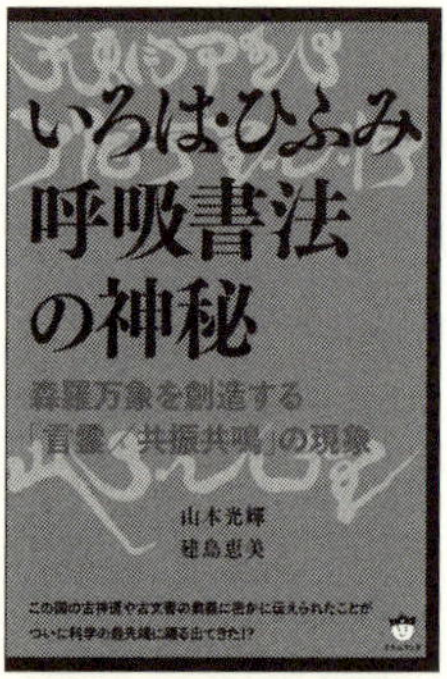

いろは・ひふみ呼吸書法の神秘
著者：山本光輝／建島恵美
四六ソフト　本体1,851円+税

銀龍（ワイタハ）から
金龍（ヤマト）へ
著者：テポロハウ ルカ テコラコ／中谷淳子
四六ハード　本体2,400円+税